Classiques
pour débutants

Raymond F. Comeau
Harvard University

with
Marie-France Bunting
Harvard University

HOUGHTON MIFFLIN COMPANY   BOSTON   TORONTO
Dallas   Geneva, Illinois   Palo Alto   Princeton, New Jersey

Sponsoring Editor: Diane Gifford
Senior Development Editor: Katherine Gilbert
Project Editor: Amy Lawler
Senior Production/Design Coordinator: Karen Rappaport
Senior Manufacturing Coordinator: Priscilla Bailey
Marketing Manager: George Kane

Credit for photos and illustrations can be found following the vocabulary section of this book.

Cover: Henri Matisse, *Intérieur à la fillette/La lecture*
(Interior with a Young Girl/Girl Reading. Paris, Autumn–Winter
1905–06).
Oil on canvas, 28⅝″ × 23⅜″ (72.7 × 59.4 cm).
Private collection.
Photograph © 1992 The Museum of Modern Art, New York.

Printed in the U.S.A.

ISBN: 0-395-61555-0

Library of Congress Catalog Card Number: 92-72371

23456789-AH-96 95 94 93

Table des matières

> Key to level of difficulty of readings:
>
> ○   least difficult
>
> ◑   moderately difficult
>
> ●   most difficult

Vingtième Siècle

Dix-neuvième Siècle

Dix-huitième Siècle

Dix-septième Siècle

Preface

Classiques pour débutants is based on the premise that it is possible and desirable to introduce beginning students to recognized French-speaking authors. This introduction to the literature of France and French-speaking countries is especially important for the many students who do not intend to continue beyond the beginning level, for it may represent their only opportunity to experience one of the highest manifestations of French culture.

The volume offers a variety of genres, including short stories, poems, fables, dialogues, a fairy tale, and a satirical letter. The selections are written by 12 major writers representing France and francophone cultures (e.g., Roy discussing the rustic life of Manitoba, Canada; and Diop relating the black African experience). Whenever possible, an author is represented by two selections in order to give students a more lasting impression of his or her work.

Although the readings are organized by century, they are not meant to be read in that order. Instructors are strongly urged to begin with the easiest readings and proceed to the more difficult ones, using the key in the table of contents. Many of the easiest readings can be done in class— near the end of the class period, for example—with no prior student preparation.

The readings are accompanied by a variety of activities. Each chapter begins with an introduction, written in English, which places the author and reading in a historical context. The readings are preceded by pre-reading activities, *Activités de préparation*, which introduce the theme and present some essential vocabulary. Two series of activities follow the selections: *Activités de compréhension*, which reinforce basic comprehension; and *Activités de création*, which encourage students to react imaginatively to the reading. Many of these activities can be done in pairs or groups, at the discretion of the instructor.

Classiques pour débutants may be started in the second semester of college study or after at least two years of high school study. Since many students at this level will not have formally studied the *passé simple*, the French literary tense, this tense is explained in a short preliminary chapter. Students will be reminded to review this tense each time they encounter a reading that includes it.

R.F.C.

Acknowledgments

Writing a book, even as slender a volume as this, demands the active cooperation of many people, so I have many thanks to distribute. To begin with, I thank the students in my 1990–91 and 1991–92 beginning French classes at the Harvard University Extension School for helping me test the material. I also thank my colleagues at Houghton Mifflin—Isabel Campoy, Diane Gifford, Amy Lawler, and Laurie McDonnell—for their courteous and professional assistance. It was truly a pleasure and honor to work with them. I owe special thanks to Katherine Gilbert, my development editor, for her constant verification of facts and her many excellent suggestions for improvement; she never allowed me to take the easy road, and we have a better book for that. I owe my greatest debt of gratitude to my colleague Marie-France Bunting, who suggested innumerable improvements and reviewed every chapter after it was completed. The book would have been much the poorer without her loyal vigilance and tireless participation. Finally, I thank my wife Jean for always being there. This volume is dedicated to the memory of my mother, Frances Rita Comeau.

R.F.C.

The author and editors would also like to express their sincere appreciation to the following people for their in-depth review of portions of the manuscript:

Roger Blais, Saint Anselm College, New Hampshire
Gaëtan Brulotte, University of South Florida, Florida
Lisa Crawford, Missouri Southern State College, Missouri
Paul Crowley, Bozeman Senior High School, Montana
Linda Davis, Baptist College—Charleston, South Carolina
Amy deGraff, Randolph-Macon College, Virginia
Nicole Dufresne, University of California—Los Angeles, California
Raymond Eichmann, University of Arkansas—Fayetteville, Arkansas
Christiane Fabricant, The Winsor School, Massachusetts
Sara Hart, Shoreline Community College, Washington
John Howland, Oklahoma State University—Stillwater, Oklahoma
Jill Kelly, Seton Hill College, Pennsylvania
Sylvie Richards, University of Missouri—Kansas City, Missouri
Hélène Simões, University of Kansas, Kansas
Jacqueline Simons, University of California—Santa Barbara, California

Le passé simple

The passé simple is a literary and historical past tense that appears in many of the selections in this volume. It is important to be able to recognize it quickly and easily.

The passé simple is used to recount completed past actions or facts, as in the sentence, "Voltaire écrivit (*wrote*) *Candide* en 1759." It is reserved for written texts and is almost never used in conversation.

I. The passé simple of regular **-er, -ir,** and **-re** verbs is formed by dropping the ending of the infinitive and adding certain endings.

endings for *-er* verbs		endings for *-ir* verbs	
-ai	-âmes	-is	-îmes
-as	-âtes	-is	-îtes
-a	-èrent	-it	-irent

parler

je	parlai
tu	parlas
il/elle/on	parla
nous	parlâmes
vous	parlâtes
ils/elles	parlèrent

finir

je	finis
tu	finis
il/elle/on	finit
nous	finîmes
vous	finîtes
ils/elles	finirent

vendre

je	vendis
tu	vendis
il/elle/on	vendit
nous	vendîmes
vous	vendîtes
ils/elles	vendirent

II. The passé simple of the verbs **être** and **avoir** is irregular.

être

je	**fus**	nous	**fûmes**
tu	**fus**	vous	**fûtes**
il/elle/on	**fut**	ils/elles	**furent**

avoir

j'	**eus**	nous	**eûmes**
tu	**eus**	vous	**eûtes**
il/elle/on	**eut**	ils/elles	**eurent**

1

III. Irregular verbs whose past participles end in **-u** usually have these endings:

-us	**-ûmes**
-us	**-ûtes**
-ut	**-urent**

boire (*bu*)

je	**bus**
tu	**bus**
il/elle/on	**but**
nous	**bûmes**
vous	**bûtes**
ils/elles	**burent**

lire (*lu*)

je	**lus**
tu	**lus**
il/elle/on	**lut**
nous	**lûmes**
vous	**lûtes**
ils/elles	**lurent**

Other verbs in this category:

infinitive	past participle	passé simple
connaître	connu	**il connut, ils connurent**
croire	cru	**il crut, ils crurent**
devoir	dû	**il dut, ils durent**
falloir	fallu	**il fallut**
plaire	plu	**il plut, ils plurent**
pouvoir	pu	**il put, ils purent**
savoir	su	**il sut, ils surent**
valoir	valu	**il valut, ils valurent**
vivre	vécu	**il vécut, ils vécurent**
vouloir	voulu	**il voulut, ils voulurent**

The verb **mourir** also takes the above endings: **il mourut, ils moururent.**

IV. Most irregular verbs whose past participles end in **-i, -is,** or **-it** have the same endings as regular **-ir** verbs.

dire (*dit*)

je	**dis**
tu	**dis**
il/elle/on	**dit**
nous	**dîmes**
vous	**dîtes**
ils/elles	**dirent**

mettre (*mis*)

je	**mis**
tu	**mis**
il/elle/on	**mit**
nous	**mîmes**
vous	**mîtes**
ils/elles	**mirent**

Other verbs in this category:

infinitive	past participle	passé simple
s'asseoir	assis	**elle s'assit, elles s'assirent**
conduire	conduit	**elle conduisit, elles conduisirent**
écrire	écrit	**elle écrivit, elles écrivirent**
faire	fait	**elle fit, elles firent**
prendre	pris	**elle prit, elles prirent**
rire	ri	**elle rit, elles rirent**

The verbs **voir, naître,** and **vaincre** also take the above endings:

elle v**it**, elles v**irent**
elle naqu**it**, elles naqu**irent**
elle vainqu**it**, elles vainqu**irent.**

V. The verbs **venir** and **tenir** have an irregular passé simple.

venir		tenir	
je	**vins**	je	**tins**
tu	**vins**	tu	**tins**
il/elle/on	**vint**	il/elle/on	**tint**
nous	**vînmes**	nous	**tînmes**
vous	**vîntes**	vous	**tîntes**
ils/elles	**vinrent**	ils/elles	**tinrent**

Activités

A. Connaissez-vous l'histoire de France? Lisez les passages suivants et essayez d'identifier les personnages décrits. (Les réponses sont à la fin de l'exercice.)

1. Ils furent célèbres à l'époque de la Révolution française. Elle passa son enfance à la Martinique et il naquit en Corse, mais ils réussirent à devenir Empereur et Impératrice des Français en 1804.

2. Elle entendit la voix des saints qui lui dirent de lever le siège (*to lift the siege*) de la ville d'Orléans. Elle réussit à vaincre les Anglais et à libérér la ville, mais, un peu plus tard, les Anglais

l'accusèrent d'être sorcière (*witch*). Elle mourut sur le bûcher (*was burned at the stake*) en 1431, à l'âge de dix-neuf ans.

3. Ce marquis français décida d'aller en Amérique en 1777 pour aider la cause des révolutionnaires américains. Il participa à beaucoup de batailles et joua un rôle important dans la bataille décisive de Yorktown. Il eut seulement un fils et il le nomma Georges Washington.

Réponses: 1. Napoléon et Joséphine   2. Jeanne d'Arc   3. le marquis de Lafayette

B. Identifiez l'infinitif des verbes suivants, selon le modèle.

MODÈLE: il eut
           avoir

1. elle répondit
2. nous écrivîmes
3. ils furent
4. je vis
5. je vécus
6. elle dut
7. ils eurent
8. elle fit
9. il mourut
10. elle naquit
11. elle parla
12. elle sut
13. ils mirent
14. nous visitâmes
15. elle prit
16. je conduisis
17. j'eus
18. elles purent
19. il lut
20. ils réussirent

C. Mettez les verbes suivants au passé simple, selon le modèle.

MODÈLE: regarder (il)
           il regarda

1. mourir (elle)
2. finir (nous)
3. faire (il)
4. dire (elles)
5. chercher (vous)
6. être (elle)
7. prendre (ils)
8. lire (il)
9. savoir (je)
10. mettre (elles)
11. connaître (il)
12. conduire (elles)
13. vivre (il)
14. voir (nous)
15. écrire (je)
16. avoir (il)
17. pouvoir (il)
18. vouloir (vous)
19. boire (elle)
20. venir (je)

Vingtième Siècle

Robert Delaunay, Triomphe de Paris
(1929). Paris, Collection of Charles De-
launay. By permission of Giraudon/Art
Resource, N.Y. © 1993 ARS, N.Y. /
ADAGP, Paris.

*Sculptures africaines. Photographed by
Manu Sassoonian. By permission of
Sassoonian/Art Resource, N.Y.*

David Diop

David Mandessi Diop (1927–1960) died in a plane crash after publishing only one volume of poetry. He lived most of his life in France, yet he is considered a leading black African poet. Born in Bordeaux of a Senegalese father and Cameroonian mother and schooled in France, he took an intense interest in the emerging black literary movement, "Négritude," led in the 1930s by the young African and Caribbean writers Aimé Césaire, Léopold Senghor, and Léon Damas, all living in Paris at the time. Diop's slender volume of poetry, Coups de pilon (Hammer Blows), *published in 1956, followed in the tradition of these writers.*

Diop was a vehement anticolonialist who despised the legacy of France's nineteenth–century colonial empire. In his eyes, the European colonizers had been responsible for destroying Africa's rich cultural heritage and replacing it with inferior European values. He was determined to lend his support to the decolonization movement that began in 1941. In fact, when Guinea won its independence in 1958 and the French withdrew their administrators and teachers, Diop, although plagued by poor health, volunteered to serve there as a teacher for two years.

The highly condensed poems of this committed Marxist poet of liberation overflow with passion and vituperation. They bemoan a lost culture, attack the injustices caused by exploitation, and defiantly preach ultimate vindication. As he concluded in one of the poems in Coups de pilon, *"Relève-toi et crie: NON!" (Rise up and cry out: NO!)*

Lecture I

Activités de préparation

A. Soulignez (*underline*) le mot qui ne va pas dans chaque série, selon le modèle.

MODÈLE: beau   <u>brillant</u>   joli

1. embrasser   tuer   assassiner
2. le soleil   la route   la lune
3. fort   réservé   timide
4. le père   le sang   la mère
5. la serviette   la voix   le cri

B. Remplacez les tirets avec les mots appropriés de l'exercice A, puis jouez les dialogues.

1. — Garçon, apportez-moi une _____ , s'il vous plaît.
   — Oui, Monsieur!
2. — Je ne peux pas faire cet exercice de maths, Henri!
   — Mais si! Je vais t'aider. Je suis _____ en maths.
3. — Pourquoi est-ce que tu ouvres la porte pour faire sortir cette mouche (*fly*)?
   — Parce que je ne veux pas la _____ .
4. — As-tu vu cet accident terrible?
   — Oui. Il y avait du _____ partout!
5. — Comme Adèle chante bien!
   — Tu penses? Sa _____ est un peu … faible.

Le Temps du martyre°

Le Blanc a tué° mon père
Mon père était fier°
Le Blanc a violé° ma mère
Ma mère était belle
5   Le Blanc a courbé° mon frère sous le soleil des routes°
Mon frère était fort
Le Blanc a tourné vers° moi

---

le martyre martyrdom / **tuer** to kill / **fier (fière)** proud / **violer** to rape / **courbé** **mon frère … des routes** subjugated my brother to the sun of the roads / **vers** toward

8   *David Diop*

Ses mains rouges de sang°
    Noir
10 Et de sa voix° de Maître°:
«Hé boy, un berger°, une serviette°, de l'eau!»

————————

le sang blood / **la voix** voice / **le maître** master / **le berger** easy chair / **la serviette** napkin, towel

Activités de compréhension

C. Vrai ou Faux? Êtes-vous d'accord ou non avec les déclarations suivantes? Si non, expliquez.

1. Le Blanc a tué le père du poète.
2. Son père était faible.
3. Le Blanc a tué la mère du poète aussi.
4. Sa mère était belle.
5. Le Blanc a traité le frère du poète comme on traite un esclave.
6. Son frère était faible.
7. Les mains du Blanc étaient rouges.
8. Le Blanc parle tendrement au poète.

[marginal note: esclavage - slavery / -slave]
[marginal note: traiter = comme treat someone like]

D. Caractérisez le Blanc dans ce poème en employant les adjectifs suivants, selon le modèle.

MODÈLE: immoral
          Il est immoral. ou
          Il n'est pas immoral.

1. poli
2. cruel
3. compatissant (*compassionate*)
4. sympathique
5. juste (*fair*)
6. autoritaire
7. violent
8. tolérant
9. charitable

Activités de création

E. Imaginez que vous êtes le poète. Vous avez une conversation avec un ami noir, lui racontant comment le Blanc a traité votre famille.

F. Imaginez que vous êtes le poète. Écrivez un deuxième poème, un poème de révolte qui montre que vous n'acceptez plus votre condition misérable. Votre deuxième poème va être aussi simple et direct que le premier.

Activités de préparation

A. Trouvez l'antonyme (= le contraire) de chaque mot dans la liste des mots suivants.

blanc   riche
plein   l'esclave
le bonheur court

1. long
2. la misère
3. vide

4. pauvre
5. noir
6. le maître

B. Remplacez les tirets avec les mots appropriés de l'exercice A, puis jouez les dialogues.

1. — Pourquoi est-ce que cet esclave est si triste?
 — Tu serais triste aussi, si tu vivais dans _la misère_!
2. — Isabelle vient de perdre sa mère.
 — _Pauvre_ Isabelle!
3. — Tu travailles trop, Hervé!
 — Ce travail est _long_, hélas, et la vie est courte!
4. — Cet esclave est toujours si fatigué le matin!
 — Bien sûr. Il a toujours l'estomac _vide_!

————

Souffre°, pauvre Nègre°

  Souffre, pauvre Nègre! ...
  Le fouet° siffle°
  Siffle sur ton dos° de sueur° et de sang°
  Souffre, pauvre Nègre!
5 Le jour est long
  Si long à porter l'ivoire° blanc du Blanc ton Maître°
  Souffre, pauvre Nègre!
  Tes enfants ont faim
  Faim et ta case° est vide°
10 Vide de ta femme qui dort

souffrir to suffer / **le Nègre** Negro / **le fouet** whip / **siffler** to whistle / **le dos** back / **la sueur** sweat / **le sang** blood / **l'ivoire** (*m*) ivory / **le maître** master **la case** hut / **vide** empty

Qui dort sur la couche seigneuriale°.
Souffre, pauvre Nègre!
Nègre noir comme° la Misère!

_____

la couche seigneuriale master's bed / **comme** like

Activités de compréhension

C. Vrai ou Faux? Êtes-vous d'accord ou non avec les déclarations suivantes? Si non, expliquez.

1. Le fouet du Blanc siffle sur la tête du Nègre.
2. Le Nègre porte les bagages du Blanc.
3. Les enfants du Nègre n'ont pas assez à manger.
4. Sa case est vide.
5. Pour le poète, la misère est blanche.

D. À votre avis, comment le poète trouve-t-il le Nègre dans ce poème? Répondez en employant l'adjectif donné, selon le modèle.

MODÈLE: fort
        Oui, il le trouve fort.   ou   **Non, il ne le trouve pas fort.**

1. faible
2. pitoyable (*pitiful*)
3. respectueux (*respectful*)
4. riche
5. malheureux

6. fort
7. opprimé (*oppressed*)
8. exploité
9. humilié

E. Remarquez la composition de ce poème. Y a-t-il un refrain? Si oui, identifiez-le. Il y a beaucoup de mots qui sont répétés dans ce poème. Identifiez-les. Sont-ils répétés à la fin du vers (*line*) ou au début du vers?

Activités de création

F. Écrivez une conversation entre deux Nègres qui parlent du mauvais traitement qu'ils subissent (*undergo*).

G. Imaginez que le pauvre Nègre fait un rêve. Dans son rêve il n'est plus sous la domination du Blanc. Il écrit un poème heureux sur sa case, sa famille et sur le bonheur d'être libre. Écrivez ce poème.

H. Écrivez une conversation imaginaire entre le Nègre et le poète.

Une école rurale en Amérique du Nord
des années trente (1934). By permission
of UPI/Bettmann.

Gabrielle Roy

Gabrielle Roy (1909–1983) is considered to be among Canada's foremost modern novelists. She was born in Saint-Boniface, a remote French-Canadian village situated in the western Canadian province of Manitoba, where life was simple and sometimes hard. Her pioneering father had moved the family there from Quebec to work as a federal colonization agent for a disparate group of foreigners moving into the region.

She attended a teacher training school and taught grammar school for seven years, a period she would call "the most beautiful years of my life." However, she found herself more and more drawn to her earliest passion, writing. She spent two years in Europe and then moved to Montreal where she honed her writing skills by becoming a journalist.

Her first and most famous novel, Bonheur d'occasion (published in English as The Tin Flute), appeared in 1945. It was a realistic and compassionate portrayal of the sordid, courageous, and all–but–hopeless life of a family living in the poorest district in Montreal. The novel's daring portrayal of the modern complexities of urban life—as opposed to the rural values described in the traditional French-Canadian novel—ushered in a new era in French-Canadian letters and earned Roy immediate international acclaim.

The following short story, "L'Enfant morte," is drawn from Cet été qui chantait (1972), a collection of short reminiscences of Roy's early life in Manitoba. The story recalls an emotional incident in her early years as a school teacher. Though touching, it is not overly sentimental, and it displays Roy's ability to depict realistic scenes imbued with genuine human emotions.

Lecture I

Activités de préparation

A. Parlons de l'école!   Quelle sorte d'élève étiez-vous à l'école élémentaire? Répondez en employant **toujours, quelquefois,** ou **ne ... jamais** et les adjectifs suivants, selon le modèle.

MODÈLE: attentif (attentive)
J'étais toujours (quelquefois, je n'étais jamais) attentif (attentive).

1. absent(e)
2. apathique
3. studieux(studieuse)
4. sage (*well-behaved*)
5. indifférent(e)
6. poli(e)
7. obéissant(e)
8. travailleur(travailleuse)
9. triste
10. malade
11. morne (*dejected*)
12. heureux(heureuse)

B. Remplacez les tirets avec les mots suivants, puis lisez les phrases. Faites tous les changements nécessaires.

accablé(e) (*overwhelmed*)   la maîtresse (*grade school teacher*)
la chaleur (*heat*)   la mouche (*fly*)
énervant(e) (*annoying*)

1. Zut! Il y a une _____ dans ma soupe!
2. Comme il fait chaud! Il fait une _____ de forge!
3. Je ne peux pas sortir ce soir, Irène. Je suis _____ de travail!
4. Quittons ce bois, Robert. Je trouve le bourdonnement (*buzzing*) des insectes _____ !
5. Quand la _____ a fait l'appel (*took attendance*), elle a découvert que la moitié de sa classe était absente!

[It will be useful to review the *passé simple* on pp. 1–4 before beginning this reading.]

L'Enfant morte: partie I

Pourquoi donc le souvenir de l'enfant morte, tout à coup° est-il venu me rejoindre en plein milieu° de l'été qui chante?...

tout à coup ... rejoindre has it suddenly come back to haunt me ... / **en plein milieu** in the very midst

14   *Gabrielle Roy*

Je venais de mettre les pieds° dans un très petit village du Manitoba pour terminer l'année scolaire en remplacement° de la maîtresse tombée malade ou ayant cédé° au découragement, que sais-je°.

Le directeur de l'École normale° où j'achevais° mon année d'études m'avait fait venir° à son bureau: «Voilà, dit-il; cette école est libre pour le mois de juin. C'est peu, mais c'est une chance. Quand plus tard vous ferez la demande d'une classe, vous pourrez dire que vous avez de l'expérience. Croyez-moi, cela aide.»

C'est ainsi que je me trouvai au début de juin dans ce village très pauvre, aux cabanes bâties dans le sable°, avec rien d'autre tout autour que de maigres épinettes°. «Un mois, me disais-je, est-ce que cela va seulement me donner le temps de m'attacher aux enfants, aux enfants le temps de s'attacher à moi? Un mois, est-ce que cela vaut la peine de l'effort°?»

Peut-être le même calcul occupait-il l'esprit des enfants qui se présentèrent ce premier jour de juin à l'école: «Cette maîtresse va-t-elle rester assez longtemps pour que c'en vaille la peine°...?» car° je n'avais jamais vu visages d'enfants aussi mornes°, aussi apathiques, ou peut-être tristes, plutôt. J'avais si peu d'expérience. Je n'étais moi-même guère° plus qu'une enfant.

La classe commença. Il faisait une chaleur de forge.° Il arrive ainsi au Manitoba, surtout dans les régions de sable, que s'installe dès les premiers jours de juin une chaleur invraisemblable°.

Je ne savais par où commencer ma tâche°. J'ouvris le registre des présences°. Je fis l'appel des noms. C'étaient pour la plupart des noms bien français et aujourd'hui encore il m'en revient à la mémoire°, comme cela, sans raison: Madeleine Bérubé, Josephat Brisset, Émilien Dumont, Cécile Lépine...

Mais les enfants qui se levaient à tour de rôle°, leur nom appelé, pour répondre: «Présent, mamzelle°...» avaient presque tous les yeux légère-

je venais de mettre les pieds I had just set foot / **en remplacement** as a substitute / **ayant cédé** having given in / **que sais-je?** (here) who knows? / **l'École normale** teacher training school / **achever** to finish / **m'avait fait venir** had me come / **aux cabanes bâties dans le sable** with cabins built in the sand / **maigres épinettes** thin small trees / **valoir la peine de l'effort** to be worth the trouble / **pour que c'en vaille la peine** to make it worth the trouble / **car** for, as / **morne** dejected / **ne ... guère** hardly / **Il faisait ... forge.** It was as hot as a blacksmith's shop. / **que s'installe ... invraisemblable** that an unbelievable heat sets in starting at the beginning of June / **la tâche** task / **le registre des présences** attendance book / **il m'en revient à la mémoire** they came back to me / **à tour de rôle** each in turn / **mamzelle** (*fam*) *mademoiselle*

ment bridés°, le teint° chaud et les cheveux très noirs qui disent le sang métis°.

35   Ils étaient beaux, exquisement polis et très sages°; il n'y avait vraiment rien à leur reprocher sinon cette distance inimaginable qu'ils maintenaient entre eux et moi. J'en étais accablée°. «Les enfants sont-ils donc ainsi, me demandais-je avec angoisse, intouchables, retranchés° en quelque région où on ne peut les atteindre°?»

40   J'arrivai à ce nom:
— Yolande Chartrand.

Personne ne répondit. La chaleur gagnait de minute en minute. J'essuyai° un peu de sueur° sur mon front°. Je répétai le nom et, personne ne répondant toujours, je levai les yeux sur ces visages qui me paraissaient

45   si totalement indifférents. Alors, du fond de la classe s'éleva par-dessus le bourdonnement des mouches° une voix que je ne situai pas tout d'abord:
— Elle est morte, mamzelle. Elle est morte la nuit dernière.

La nouvelle m'était apprise sur un ton si calme, si uni°, que c'était peut-être cela le pire. Comme j'avais l'air de douter, les enfants tous

50   ensemble me firent gravement de la tête un signe qui disait: c'est vrai.

Soudain s'appesantit° sur moi un sentiment d'impuissance° tel que je ne me souviens pas en avoir jamais éprouvé de plus grand°.
— Ah! fis-je°, ne sachant vraiment que° dire.
— Elle est sur les planches°, dit un petit garcon aux yeux de braise°.

55   Ils vont l'enterrer° demain pour de bon°.
— Ah! dis-je encore.

Les enfants paraissaient un peu plus déliés° maintenant et disposés à parler, par bribes°, à longs intervalles. L'un, du milieu de la classe, prit de lui–même la parole°:

60   — Elle a traîné° deux mois.

Nous nous sommes entre–regardés° longuement en silence, les enfants et moi. Je comprenais enfin que l'expression dans leurs yeux que j'avais prise pour de l'indifférence en était une de pesante° tristesse. Tout comme

---

bridé slanted / **le teint** complexion / **qui disent le sang métis** that indicate mixed blood (white and Indian) / **sage** well-behaved / **accablé** overwhelmed, crushed / **retranché** cut off / **atteindre** to reach / **essuyer** to wipe / **la sueur** perspiration / **le front** forehead / **du fond de la classe ... mouches** from the back of the class arose above the buzzing of the flies / **uni** matter-of-fact / **s'appesantir** to fall heavily upon / **l'impuissance** (*f*) helplessness / **tel que ... grand** such that I don't recall ever feeling to a greater degree / **fis-je** I said / **que** what / **sur les planches** laid out (the body is on display) / **aux yeux de braise** with glowing eyes / **enterrer** to bury / **pour de bon** forever / **délié** at ease / **par bribes** in snatches / **prit de lui–même la parole** took it upon himself to speak / **traîner** to hang on, to linger / **s'entre–regarder** to look at one another / **pesant** heavy

cette inimaginable chaleur qui nous abrutissait°. Et nous n'étions qu'au
65   début de la journée! Je proposai:

— Puisque Yolande ... Est encore sur les planches ... qu'elle est votre
compagne ... et qu'elle aurait pu être mon élève ... voulez-vous, ce soir,
après la classe, à quatre heures ... nous irons ensemble lui rendre visite?

Alors, sur ces petits visages trop graves a paru l'ébauche° d'un sourire,
70   retenu°, bien triste encore, une sorte de sourire tout de même°.

— Donc, c'est entendu, nous lui rendrons visite, toute sa classe.

À partir de ce moment°, en dépit° de la chaleur énervante et du
sentiment qui nous hantait° tous plus ou moins, ... les enfants autant que
possible fixèrent leur attention sur ce que je leur enseignais et moi je
75   m'ingéniais à la susciter°.

---

abrutir (*here*) to daze / **l'ébauche** (*f*) outline / **retenu** restrained / **tout de
même** nevertheless / **À partir de ce moment ...** From this moment on ... / **en
dépit de** despite / **hanter** to haunt / **je m'ingéniais à la susciter** I tried my best
to arouse their attention

Activités de compréhension

C. Vrai ou Faux?   Êtes-vous d'accord ou non avec les déclarations
suivantes? Si non, expliquez.

1. La nouvelle maîtresse a trouvé son nouveau poste (*position*) elle-
   même.
2. L'école était dans un village riche au Québec.
3. La nouvelle maîtresse pensait qu'un mois était suffisant pour
   bien connaître ses élèves.
4. Elle avait beaucoup d'expérience.
5. Elle a trouvé ses élèves heureux.
6. Il faisait chaud dans la classe.
7. Il y avait des moustiques (*mosquitoes*) dans la classe.
8. Les élèves avaient des noms anglais.
9. C'est le directeur qui a dit à la nouvelle maîtresse qu'une de
   ses élèves était morte.
10. Cette nouvelle a étonné la nouvelle maîtresse.
11. Elle a compris alors pourquoi ses élèves étaient si tristes.
12. Après un long silence, la maîtresse a eu une idée: ils iraient
    rendre visite à Yolande.
13. Les élèves n'ont pas aimé cette idée.
14. Ils sont tout de suite partis.

D. Créez des phrases pour décrire l'action dans l'histoire en employant les mots de chaque colonne, selon le modèle. Faites tous les changements nécessaires.

MODÈLE: **Le mois de juin était chaud.**

la chaleur	triste
les élèves	sage
Yolande	pauvre
le village	absent
la maîtresse	indifférent
le mois de juin	jeune
	chaud
	petit
	intouchable
	mort
	invraisemblable

E. La maîtresse a hésité avant d'accepter ce poste. À votre avis, avait-elle raison d'hésiter? Pourquoi ou pourquoi pas?

F. À votre avis, pourquoi est-ce que les élèves étaient mornes et apathiques? Donnez trois raisons possibles pour expliquer la tristesse des élèves.

Activités de création

G. Dans cette histoire la maîtresse a suggéré qu'on rende visite à Yolande quand elle a appris qu'elle était morte. C'était une réaction possible, mais ce n'était peut-être pas la seule réaction. Imaginez d'autres réactions possibles de la maîtresse. Commencez votre réponse par **La maîtresse aurait pu ...** (*The teacher could have . . .*).

H. La maîtresse écrit une lettre au directeur de l'École normale lui disant comment elle a passé sa première journée à l'école. Préparez cette lettre.

I. Imaginez une conversation entre deux élèves pendant la récréation (*recess*). Ils parlent de leur nouvelle maîtresse. Écrivez un petit dialogue et jouez-le avec un(e) camarade de classe.

Activités de préparation

A. Pouvez-vous deviner (*guess*) ce qui va se passer dans cette histoire? Imaginez que les enfants rendent visite à Yolande. À votre avis, quelle va probablement être leur réaction devant leur camarade morte? Plusieurs réponses sont possibles.

1. Ils vont avoir peur.
2. Ils vont très vite quitter la chambre.
3. Ils vont commencer à pleurer.
4. Ils vont commencer à rire.
5. Ils vont poser beaucoup de questions à la maîtresse.
6. Ils vont refuser de regarder leur camarade morte.
7. Ils vont offrir des cadeaux à leur camarade morte.
8. Ils vont se moquer de (*make fun of*) leur camarade morte.

B. Remplacez les tirets avec les mots suivants, puis lisez les phrases avec expression. Faites tous les changements nécessaires.

le drap (*sheet*)
le front (*forehead, brow*)
la marmite (*pot*)
la natte (*braid*)
le ventre (*belly*)

1. Jean-Louis, passe-moi cette ————— -là, s'il te plaît. Je vais faire de la soupe.
2. Aïe, aïe! Un moustique vient de me piquer (*sting*) sur le ————— !
3. Voilà! J'ai recouvert le lit d'un ————— propre (*clean*).
4. Hélène est si mignonne avec ses cheveux tressés (*braided*) en jolies ————— !
5. Comme je souffre! J'ai mangé trop de pizza et maintenant j'ai mal au ————— !

————————

L'Enfant morte: partie II

À quatre heures cinq, je les rejoignis qui m'attendaient presque tous à la porte, une bonne vingtaine d'entre eux° ne faisant pas plus de bruit que

une bonne vingtaine d'entre eux a good twenty of them

des enfants en retenue°. Quelques–uns prirent aussitôt les devants° pour me montrer le chemin°. D'autres m'enserraient° au point de gêner° mes
5   mouvements. Ils s'en trouva° cinq ou six parmi° les plus petits à finir par me prendre par la main ou le bras, et ils me tiraient° légèrement en avant comme pour guider une aveugle°. Ils ne parlaient pas, ne faisaient que me tenir enfermée dans leur cercle°.

    Ensemble, de cette façon, nous suivions une piste° à travers le sable.
10   Des épinettes grêles° s'unissaient çà et là° en groupes serrés°. L'air ne passait à peine plus.° En un rien de temps° le village fut derrière nous, pour ainsi dire oublié.

    Nous sommes arrivés à une cabane en planches complètement isolée au milieu de ces petits arbres. La porte en était grande ouverte°. Ainsi,
15   avant d'entrer, avons-nous pu voir d'assez loin l'enfant morte. Elle était littéralement sur des planches. Celles-ci° reposaient à chaque extremité sur deux chaises placées à quelque distance dos à dos°. Il n'y avait rien d'autre dans la pièce. Tout ce qui s'y trouvait d'habitude avait été entassé° à côté°, dans la seule autre pièce de la maison. En plus de poêle°, de la
20   table, de quelques marmites° à même le plancher°, il y avait là un lit et un matelas° avec des piles de linge dessus°. Mais pas de chaises. Apparemment celles qui servaient de support aux planches sur lesquelles reposait l'enfant morte étaient les seules de la maison.

    Sans doute° les parents avaient accompli tout ce qu'ils pouvaient pour
25   leur enfant. Ils l'avaient recouverte d'un drap propre°. Ils avaient libéré une pièce à son intention°. Sa mère probablement lui avait tressé° les cheveux en deux nattes bien serrées° qui encadraient° le mince° visage. Mais les pauvres gens n'avaient apparemment pu se dispenser de s'absenter pour quelque pressante nécessité: peut-être l'achat du cercueil° à la
30   ville; ou de quelques autres planches pour en fabriquer° un eux-mêmes.

---

en retenue kept after school / **quelques-uns ... devants** some went immediately ahead / **le chemin** way / **enserrer** to hug, hold tight / **gêner** to interfere with / **il s'en trouva** there were / **parmi** among / **tirer** to pull / **comme pour guider une aveugle** as if they were leading a blind person / **ne faisait que ... cercle** did nothing but keep me closed within their circle / **suivre une piste** to follow a trail / **grêle** thin / **s'unir çà et là** to be clustered here and there / **serré** close / **L'air ne passait à peine plus.** The air was hardly moving. / **un rien de temps** very little time / **grande ouverte** open wide / **celles-ci** (*here*) *les planches* / **dos à dos** back to back / **entassé** piled / **à côté** nearby / **en plus de poêle** in addition to the stove / **la marmite** pot / **à même le plancher** right on the floor / **le matelas** mattress / **des piles de linge dessus** piles of linen on them / **sans doute** probably / **un drap propre** clean sheet / **à son intention** especially for her / **tresser** to braid / **deux nattes bien serrées** two very tight braids / **encadrer** to encircle / **mince** thin / **le cercueil** casket / **fabriquer** to make

Toujours est-il que° l'enfant morte était seule dans cette pièce vidée° pour elle, c'est-à-dire seule avec les mouches. Une légère odeur de mort déjà les attirait° de loin. J'en vis une au ventre bleu se promener sur son front.° Aussitôt je me plaçai à la hauteur° de son visage et n'arrêtai plus d'agiter la main pour les repousser°.

C'était un fin° petit visage très amaigri° et d'expression grave comme celle que j'avais vue à presque tous les enfants de par ici que des soucis° d'adultes accablaient sans doute trop tôt. Elle pouvait avoir dix à onze ans. Elle aurait vécu quelque temps encore qu'elle aurait été une de mes élèves°, me disais-je. Elle aurait appris quelque chose de moi. Je lui aurais donné quelque chose à garder°. Un lien° se serait établi entre moi et cette petite étrangère°, qui sait, pour la vie peut-être! . . .

Dans la mort cette enfant avait l'air de regretter quelque pauvre petite joie jamais atteinte°. Je continuai du moins° à empêcher° les mouches de se poser sur elle. Les enfants m'observaient. Je compris qu'ils attendaient maintenant tout de moi qui n'en savais pourtant pas plus long qu'eux° et qui étais dans le même désarroi°. J'eus tout de même° une sorte d'inspiration. Je dis:

— Ne pensez-vous pas que Yolande aimerait quelqu'un avec elle tout le temps, jusqu'à ce que vienne le moment° de la confier° à la terre?

— Donc nous nous relayerons° autour d'elle, à quatre ou cinq°, toutes les deux heures, jusqu'à l'enterrement°.

Ils m'approuvèrent d'un éclair° dans leurs yeux sombres.

— Il faudra veiller° à ne pas laisser les mouches toucher le visage de Yolande.

Ils firent un signe de tête pour montrer qu'ils étaient bien d'accord. Rangés° autour de moi, ils étaient à présent à mon égard d'une confiance si grande° qu'elle me terrifiait.

---

toujours est-il que anyhow / **vidé** emptied / **attirer** to attract / **J'en vis une ... front.** I saw one with a blue belly walk on her forehead. / **à la hauteur** level / **repousser** to chase away / **fin** fine, slender / **amaigri** thin, emaciated / **les soucis** worries / **Elle aurait vécu ... élèves** ... Had she lived longer, she would have been one of my students ... / **garder** to keep / **le lien** tie, connection / **l'étrangère** (*f*) stranger / **atteint** attained / **du moins** at least / **empêcher** to prevent / **qui n'en savais ... qu'eux** who, however, didn't understand any more about it than they / **le désarroi** confusion / **tout de même** nevertheless / **jusqu'à ce que vienne le moment** until the moment comes / **confier** to commit, deliver / **se relayer** to take turns / **à quatre ou cinq** in groups of four or five / **l'enterrement** (*m*) burial / **l'éclair** (*m*) gleam / **Il faudra veiller** We should be watchful / **rangé** clustered / **ils étaient à présent ... si grande** they now felt toward me such great confidence

Activités de compréhension

C. Vrai ou Faux? Êtes-vous d'accord ou non avec les déclarations suivantes? Si non, expliquez.

1. Les élèves et la maîtresse ont pris des chemins différents.
2. Ils sont finalement arrivés à une cabane isolée.
3. La porte de la cabane était fermée.
4. Dans une pièce ils ont vu l'enfant morte sur des planches.
5. Il y avait aussi un poêle et un lit dans cette pièce.
6. Le corps de Yolande était recouvert d'un drap.
7. Les parents de Yolande pleuraient dans une pièce.
8. Il y avait des mouches dans la maison.
9. Il y avait une expression heureuse sur le visage de Yolande.
10. La maîtresse a eu une idée: ils allaient empêcher les mouches de toucher le visage de Yolande.

D. Quand la maîtresse et ses élèves sont arrivés à la cabane, les parents de Yolande n'y étaient pas. À votre avis, est-ce que les parents de Yolande étaient de mauvais parents? Donnez au moins deux exemples précis dans le texte pour justifier votre réponse.

E. Dans la Partie I, la maîtresse a eu des difficultés à gagner la confiance de ses élèves. À votre avis, est-ce que le rapport (*relationship*) entre la maîtresse et ses élèves a changé dans la Partie II? Donnez au moins deux exemples précis dans le texte pour justifier votre réponse.

Activités de création

F. Imaginez que les parents de Yolande rentrent et voient la maîtresse et ses élèves dans la cabane. Comment vont-ils réagir? Vont-ils être tristes, contents, étonnés? Préparez une conversation entre la maîtresse et les parents.

G. La description de la cabane de Yolande est assez detaillée (*detailed*). Faites un dessin (*sketch*) de l'intérieur de la cabane et dessinez-le au tableau noir.

H. En regardant Yolande, la maîtresse se sent triste parce que, comme elle se dit: «Je lui aurais donné quelque chose à garder.» (p. 21). À votre avis, qu'est-ce que la maîtresse aurait donné à Yolande à garder? Commencez votre réponse par **À mon avis, la maîtresse lui aurait donné ...**

Lecture III

Activités de préparation

A. Qu'est-ce que les personnes suivantes voudraient probablement faire?
Créez une phrase originale en employant les mots de chaque colonne,
selon le modèle.

MODÈLE: Une personne qui réfléchit beaucoup
Elle voudrait comprendre la vie.

apprendre	la vie
manquer	de l'argent
acquérir (*to acquire*)	l'école
emprunter (*to borrow*)	de l'expérience
cueillir (*to pick*)	ses leçons
comprendre	des roses

1. une personne romantique
2. une étudiante malade
3. une étudiante pauvre
4. une bonne étudiante
5. une personne sans expérience
6. une personne très curieuse

B. Remplacez les tirets avec les mots suivants, puis lisez les phrases avec
expression.

amer (amère) (*bitter*)
la dentelle (*lace*)
l'églantine (*f*) (*wild rose*)
emprunter (*to borrow*)
la tache (*spot*)

1. Oui, je vais te prêter (*lend*) ma guitare, si je peux _____ ta
   bicyclette.
2. Elle est en _____ , cette robe?
3. Sylvie est si _____ ! C'est vrai que sa vie n'est pas drôle.
4. Comment s'appellent ces jolies fleurs le long de la route? Ah!
   oui, ce sont des _____ .
5. Ma cravate est dans ma salade! Zut! Regarde cette _____ !

L'Enfant morte: partie III

Au loin°, dans une éclaircie° entre les épinettes, j'apercevais sur le sol une tache d'un rose vif dont je ne savais encore de quoi elle était faite.° Le soleil oblique la toucha. Elle flamba sous ses rayons°, le seul moment de cette journée à se revêtir° d'une certaine grâce. Je demandai:

5   — Quelle sorte de petite fille était-elle?

Les enfants mirent un peu de temps à comprendre. Enfin un petit garçon d'à peu près le même âge dit avec un tendre sérieux:

     — Elle était fine°, Yolande.

Les autres eurent l'air de lui donner raison.°

10   — Est-ce qu'elle apprenait bien à l'école?

     — Elle n'y a pas été bien longtemps cette année. Elle manquait° tout le temps.

     — L'avant-dernière° maîtresse de cette année, elle, elle disait que Yolande aurait pu être bonne.

15   — Combien de maîtresses avez-vous donc eu cette année?

     — Vous êtes la troisième, mamzelle.

     — L'année avant, il y en a eu trois aussi. Ç'a l'air° que les maîtresses trouvent la place trop ennuyante°.

     — De quoi est-elle morte?

20   — De tuberculose, mamzelle, me dirent-ils ensemble, d'une même voix, comme si c'était la façon habituelle pour un enfant, par ici, de mourir.

Ils avaient le goût° maintenant de parler d'elle. J'avais réussi à ouvrir la pauvre petite porte fermée au fond° d'eux-mêmes que personne peut-

25 être ne s'était jamais beaucoup soucié de° vouloir ouverte. Ils m'apprirent de gentils faits de sa courte vie: comment un jour en revenant de l'école— c'était au mois de février ... non! dit un autre, au mois de mars—elle avait perdu son livre de lecture et en avait pleuré de chagrin° pendant des semaines; comment, pour apprendre sa leçon il lui avait fallu emprunter°

---

au loin in the distance / **l'éclaircie** (*f*) clearing / **J'apercevais ... faite.** I noticed a bright pink spot on the ground which I couldn't yet identify. / **Elle flamba sous les rayons ...** It (the bright spot of pink) was ablaze under the sunlight ... / **se revêtir** to be clothed / **fine** (*French-Canadian*) well-liked / **Les autres eurent l'air de lui donner raison.** The others seemed to agree with him. / **manquer** (*here*) to be absent / **l'avant-dernier** next–to–the–last / **ç'a l'air** (*fam*) it seems / **ennuyant** boring / **avoir le goût** (*French-Canadian*) to feel like / **au fond de** inside of / **se soucier de** to take the trouble / **pleurer de chagrin** to cry for shame / **il lui avait fallu emprunter** she had to borrow

30 le livre de celui-ci, de celle-là,—et je vis au visage de quelques-uns qu'ils
n'avaient pas prêté leur manuel de bon gré° et qu'ils en auraient maintenant pour toujours du regret; comment n'ayant pas de robe blanche pour
sa communion solennelle°, elle avait tant supplié° que sa mère avait fini
par lui en tailler° une dans le seul rideau° de la maison: «celui de c'te
35 chambre icitte° ... un beau rideau en dentelle°, mamzelle.»

— Et Yolande était-elle jolie à voir dans sa robe de dentelle de rideau?
leur ai-je demandé.

Ils m'ont tous fait un grand signe que oui, avec le souvenir dans leurs
prunelles° sombres d'une image plaisante°.

40 Je contemplai le petit visage muet°. Donc une enfant qui avait aimé
les livres, le sérieux et les nobles parures°! Puis je fixai les yeux de
nouveau° sur l'étonnante clairière rose° au fond du morne paysage°. Et
soudain je sus° que c'était là une masse d'églantine°. Au mois de juin elle
fleurit en nappes° abondantes, au Manitoba, issue du sol° le plus pauvre.
45 J'éprouvai° un certain allègement°.

— Allons cueillir° des roses pour Yolande.

Alors reparut° sur le visage des enfants le même lent et doux sourire
triste que j'y avais vu quand j'avais proposé la visite au corps.

En un rien de temps nous étions à la cueillette°. Les enfants n'étaient
50 pas encore joyeux, loin de là°, mais je les entendais du moins se parler
entre eux pendant que nous ramassions° des fleurs. Une sorte d'émulation
les avait gagnés.° C'était à qui° aurait le plus de roses. À qui trouverait
les plus colorées, d'une teinte° presque rouge. De temps en temps, l'on
réclamait° mon attention:

55 — Regardez ça, mamzelle, la belle que j'ai trouvée!

De retour°, nous avons effeuillé° les roses sur l'enfant morte. Des
pétales amoncelés° émergea° seulement le visage. Alors—comment se

prêter ... bon gré to lend their book willingly / communion solennelle first
communion / tant supplier to beg so much / tailler to cut out / le rideau
curtain / c'te chambre icitte (*French-Canadian*) = cette chambre-ci / la dentelle
lace / la prunelle pupil (of the eye) / plaisant agreeable / muet mute, silent / la
parure adornment / de nouveau again / étonnante clairière rose perplexing
pink clearing / au fond du morne paysage at the far end of this sad landscape /
je sus I realized (passé simple of savoir) / l'églantine (*f*) wild rose / la nappe
cluster / issue du sol springing from the ground / éprouver to feel /
l'allègement (*m*) relief / cueillir to pick / reparaître to reappear / la cueillette
picking / loin de là far from it / ramasser to pick, gather / Une sorte
d'émulation les avait gagnés. They were caught up in a sort of competition. /
c'était à qui it was a question of who / la teinte color, hue / réclamer to
claim / de retour on the way back / effeuiller to pull off the petals / amoncelé
piled / émerger to emerge

peut-il?°—il nous parut° moins abandonné. Les enfants faisaient cercle
autour de leur compagne et ils disaient d'elle, sans cette amère tristesse
60   du matin:

    — A doit avoir gagné le ciel à l'heure qu'il est.°

    Ou bien°:

    — Est contente à c'te heure.°

    Je les écoutais se consoler déjà, comme ils pouvaient, de la vie ...

65   Mais pourquoi, pourquoi donc ce souvenir de l'enfant morte est-il
venu m'assaillir° aujourd'hui en plein milieu de l'été qui chante?

    Est-ce le parfum des roses, tout à l'heure°, sur le vent, qui me l'a
apporté?

    Parfum que je n'aime plus guère° depuis ce juin lointain° où j'allai
70   dans le plus pauvre des villages acquérir, comme on dit, de l'expérience!

---

comment se peut-il how is it possible / **il nous parut** it (the face) seemed to
us / **A doit ... est.** *(French-Canadian)* She must be in heaven by now. / **ou bien**
or / **Est contente à c'te heure.** *(French-Canadian)* She is happy now, she's at
peace. / **assaillir** to attack, assail / **tout à l'heure** just now / **je n'aime plus
guère** I hardly like any more / **lointain** distant

Activités de compréhension

C. Vrai ou Faux? Êtes-vous d'accord ou non avec les déclarations
suivantes? Si non, expliquez.

1. La maîtresse a vu au loin une tache d'un rose vif.
2. Elle ne savait pas très bien ce qu'était cette tache d'un rose vif.
3. Les élèves connaissaient très bien Yolande.
4. Toutes les autres maîtresses ont beaucoup aimé cette école.
5. Yolande est morte de tuberculose.
6. La tuberculose était probablement rare dans ce village.
7. Selon les élèves, Yolande était triste quand elle a perdu son
livre de lecture.
8. Les élèves lui ont prêté tout de suite leurs livres.
9. Sa mère lui a acheté une belle robe de dentelle.
10. La maîtresse a finalement compris que la tache d'un rose vif
était des fleurs.
11. Les élèves sont devenus plus heureux en cueillant des roses
pour Yolande.
12. Ils ont recouvert son visage de roses.
13. Ils pensaient que Yolande était déjà au ciel.
14. Depuis cette expérience la maîtresse aime beaucoup le parfum
des roses.

D. À votre avis, est-ce que la religion joue un rôle important dans la vie des habitants de ce village? Si oui, donnez des exemples précis dans le texte pour justifier votre réponse.

E. À votre avis, pourquoi est-ce que les élèves étaient heureux de mettre des roses sur le corps de Yolande? Est-ce que les roses ont une signification particulière?

Activités de création

F. Imaginez qu'un(e) élève décide d'écrire un poème pour les funérailles (*funeral*) de Yolande. Ce poème va probablement décrire son aspect physique et aussi sa personnalité. Écrivez ce poème.

G. Pendant la nuit un(e) des élèves fait un rêve (triste?, heureux?, bizarre?, violent?) de cette journée mémorable. Décrivez son rêve.

H. Voudriez-vous être professeur dans cette école? Pourquoi ou pourquoi pas? Préparez une petite composition qui présente votre opinion et lisez-la devant la classe.

I. Imaginez que la maîtresse donne des conseils à une autre maîtresse qui va la remplacer au mois d'octobre. Préparez le dialogue.

Portrait du Petit Prince par l'auteur lui-même. Illustration from Le Petit Prince *by Antoine de Saint-Exupéry, copyright 1943 by Harcourt Brace Jovanovich, Inc. and renewed 1971 by Consuelo de Saint-Exupéry, reproduced by permission of the publisher.*

Antoine de Saint-Exupéry

"To love is to participate, to share." *These words, appearing in a* Life *magazine article in 1944, were among the last published words of Antoine de Saint-Exupéry (1900–1944), and they aptly sum up his life. As a courageous aviator who pioneered mail routes over the Andes, the South Pacific, and the Sahara desert during the infancy of aviation, and as a bomber and reconnaissance pilot during World Wars I and II, he learned firsthand the importance of participation and sharing through camaraderie. It was a comrade who welcomed him home after a perilous mission, shared his grief when the plane of another comrade was lost in the line of duty, and searched for him if a faulty engine or bad weather forced his plane down (Saint-Exupéry had six crashes, the last of which took his life).*

*Most of Saint-Exupéry's main fictional works—*Courrier sud *(1928),* Vol de nuit *(1931),* Terre des hommes *(1939), and* Pilote de guerre *(1942)—are descriptions of the physical and spiritual adventure of flying. They were popular works, appreciated by readers in both France and the United States; in fact,* Pilote de guerre, *first published in the United States because Saint-Exupéry had moved there to escape German occupation, was on the bestseller list for six months in its translated version,* Flight to Arras.

Saint-Exupéry's enduring fame, however, rests on Le Petit Prince *(1943), his children's book that has inspired children and adults the world over. Adept at drawing, he even drew the illustrations for the story. The deceptively simple tale is well known. A little prince decides to leave his very small planet and his rose (with whom he has had a falling out) and explore the universe. He visits the planets of a king, a conceited man, a drunkard, a businessman, a lamplighter, and a geographer, and he finds them all wanting in human values. When he finally visits the planet Earth, landing in the Sahara desert, he first encounters a fox, who teaches him the meaning of friendship, and then befriends and saves a desperate aviator whose plane went down over the desert. He dies in the end, but his death is only a means for returning to his beloved rose.*

The selections that follow deal with two important events in the little prince's life: his difficult relationship with the rose and the lesson he learned from the fox.

Activités de préparation

A. Imaginez que vous êtes jardinier/jardinière (*gardener*) et que vous cultivez des roses. Qu'est-ce que vous allez faire et qu'est-ce que vous n'allez pas faire? Répondez selon les modèles.

MODÈLES: les arroser (*to water*)
     Oui, je vais les arroser.
     les arroser trop
     Non, je ne vais pas les arroser trop.

1. respirer (*to smell*) leur parfum
2. détruire les boutons (*buds*)
3. admirer leurs beaux pétales
4. les protéger contre les insectes
5. les négliger (*to neglect*)
6. faire attention aux épines (*thorns*)
7. les soigner (*to care for*) fréquemment
8. leur parler

B. Remplacez les tirets par un des mots suivants, puis jouez les dialogues avec un(e) camarade de classe. Si nécessaire, mettez les mots au pluriel.

> arroser (*to water*)   graine (*f*) (*seed*)
> griffe (*f*) (*claw*)   papillon (*m*) (*butterfly*)
> tousser (*to cough*)

1. — Je pense que tes fleurs ont besoin d'eau.
   — Attends un instant. Je vais les _____ tout de suite.
2. — Pourquoi as-tu peur des tigres?
   — Parce qu'ils ont des _____ , idiot!
3. — Quel rhume tu as!
   — Oui, je n'arrête pas de _____ !
4. — Qu'est-ce que tu vas faire avec ces _____ , papa (maman)?
   — Je vais les planter dans notre jardin. Tu pourras les arroser quand tu voudras.
5. — Pourquoi regardez-vous ces chenilles (*caterpillars*)? Elles sont si laides (*ugly*)!
   — Ne savez-vous pas que les chenilles se transforment en de beaux _____ ?

[Please review the formation of the *passé simple*, pp. 1–4, before reading this selection.]

Le Petit Prince et la rose

J'appris° bien vite à mieux connaître cette fleur. Il y avait toujours eu, sur la planète du petit prince, des fleurs très simples, ornées° d'un seul rang° de pétales, et qui ne tenaient point de place°, et qui ne dérangeaient° personne. Elles apparaissaient un matin dans l'herbe°, et puis elles s'étei-
5 gnaient° le soir. Mais celle-là avait germé° un jour, d'une graine° apportée d'on ne sait où°, et le petit prince avait surveillé de très près° cette brindille° qui ne ressemblait pas aux autres brindilles ... Mais l'arbuste° cessa vite de croître°, et commença de préparer une fleur. Le petit prince, qui assistait à l'installation d'un bouton énorme,° sentait bien qu'il en
10 sortirait une apparition miraculeuse, mais la fleur n'en finissait pas de se préparer à être belle, à l'abri de° sa chambre verte. Elle choisissait avec soin° ses couleurs. Elle ne voulait pas sortir toute fripée° comme les coquelicots°. Elle ne voulait apparaître que° dans le plein rayonnement° de sa beauté. Eh! oui. Elle était très coquette! Sa toilette° mystérieuse
15 avait donc duré des jours et des jours. Et puis voici qu'un matin, juste- ment° à l'heure du lever du soleil°, elle s'était montrée.

Et elle, qui avait travaillé avec tant° de précision, dit en bâillant°:

— Ah! je me réveille à peine° ... Je vous demande pardon ... Je suis encore toute décoiffée° ...
20 Le petit prince, alors, ne put contenir son admiration:

— Que vous êtes belle!

— N'est-ce pas, répondit doucement la fleur. Et je suis née en même temps que le soleil ...

Le petit prince devina° bien qu'elle n'était pas trop modeste, mais
25 elle était si émouvante°!

— C'est l'heure, je crois, du petit déjeuner, avait-elle bientôt ajouté°, auriez-vous la bonté° de penser à moi ...

J'appris The narrator of the story is the aviator whom the little prince rescued in the desert. / **orné** adorned / **le rang** row / **qui ne tenait point de place** that didn't take up room at all / **déranger** to bother / **l'herbe** (*f*) grass / **s'éteindre** to fade away (*here*: to die) / **germer** to germinate / **la graine** seed / **d'on ne sait où** from one knows not where / **surveiller de très près** to watch closely / **la brindille** sprig / **l'arbuste** (*m*) shrub / **croître** to grow / **qui assistait ... d'un bouton énorme** who was present at the appearance of an enormous bud / **à l'abri de** sheltered by / **le soin** care / **fripé** rumpled / **le coquelicot** field poppy / **ne ... que** only / **le plein rayonnement** the full radiance / **la toilette** dressing up, adornment / **justement** exactly / **le lever du soleil** sunrise / **tant** so much / **bâiller** to yawn / **à peine** hardly, scarcely / **décoiffé** disheveled / **deviner** to guess / **si émouvante** so moving / **ajouter** to add / **auriez-vous ... la bonté** would you be so kind

Et le petit prince, tout confus, ayant été chercher° un arrosoir° d'eau fraîche, avait servi la fleur.

30 Ainsi° l'avait-elle bien vite tourmenté par sa vanité un peu ombrageuse°. Un jour, par exemple, parlant de ses quatre épines°, elle avait dit au petit prince:

— Ils peuvent venir, les tigres, avec leurs griffes°!

— Il n'y a pas de tigres sur ma planète, avait objecté le petit prince, 35 et puis les tigres ne mangent pas l'herbe.

— Je ne suis pas une herbe, avait doucement répondu la fleur.

— Pardonnez-moi …

— Je ne crains° rien des tigres, mais j'ai horreur des courants d'air°. Vous n'auriez pas un paravent°?

40 «Horreur des courants d'air … ce n'est pas de chance°, pour une plante, avait remarqué le petit prince. Cette fleur est bien compliquée …»

— Le soir vous me mettrez sous globe°. Il fait très froid chez vous. C'est mal installé°. Là d'où je viens …

45 Mais elle s'était interrompue. Elle était venue sous forme de graine. Elle n'avait rien pu connaître des autres mondes. Humiliée de s'être laissé surprendre à préparer un mensonge° aussi naïf, elle avait toussé° deux ou trois fois, pour mettre le petit prince dans son tort°:

— Ce paravent? …

50 — J'allais le chercher mais vous me parliez!

Alors elle avait forcé sa toux° pour lui infliger quand même des remords°.

Ainsi le petit prince, malgré la bonne volonté° de son amour, avait douté d'elle. Il avait pris au sérieux des mots sans importance, et était 55 devenu très malheureux.

[*The little prince and the rose do not get along, so he decides to leave.*]

… Et, quand il arrosa une dernière fois la fleur, et se prépara à la mettre à l'abri sous son globe, il se découvrit l'envie° de pleurer.

— Adieu, dit-il à la fleur.

60 Mais elle ne lui répondit pas.

— Adieu, répéta-t-il.

---

ayant été chercher having fetched / **l'arrosoir** (*m*) watering-can / **ainsi** thus / **ombrageux (ombrageuse)** difficult to deal with / **l'épine** (*f*) thorn / **la griffe** claw / **craindre** to fear / **le courant d'air** draft / **le paravent** screen / **ce n'est pas de chance** that's not lucky / **sous globe** under a protective glass globe / **installé** set up / **Humiliée … un mensonge** Humiliated at having allowed herself to be caught in a lie / **tousser** to cough / **mettre dans son tort** to put in the wrong / **la toux** cough / **pour lui infliger quand même des remords** to make him feel bad even so / **malgré la bonne volonté** despite the good will / **il se découvrit l'envie** he felt coming on the desire

La fleur toussa. Mais ce n'était pas à cause de son rhume.

— J'ai été sotte°, lui dit-elle enfin. Je te demande pardon. Tâche°
d'être heureux.

65 Il fut surpris par l'absence de reproches. Il restait là tout déconcerté,
le globe en l'air. Il ne comprenait pas cette douceur° calme.

— Mais oui, je t'aime, lui dit la fleur. Tu n'en as rien su, par ma
faute. Cela n'a aucune importance. Mais tu as été aussi sot que moi.
Tâche d'être heureux … Laisse ce globe tranquille°. Je n'en veux plus.

70 — Mais le vent …

— Je ne suis pas si enrhumée° que ça … L'air frais de la nuit me fera
du bien. Je suis une fleur.

— Mais les bêtes° …

— Il faut bien que je supporte° deux ou trois chenilles° si je veux
75 connaître les papillons°. Il paraît que c'est tellement beau. Sinon qui me
rendra visite? Tu seras loin°, toi. Quant aux° grosses bêtes, je ne crains
rien. J'ai mes griffes°.

Et elle montrait naïvement ses quatre épines°. Puis elle ajouta:

— Ne traîne° pas comme ça, c'est agaçant°. Tu as décidé de partir.
80 Va-t'en.

Car elle ne voulait pas qu'il la vît° pleurer. C'était une fleur tellement
orgueilleuse°…

*After visiting the planets of a king, a conceited man, a drunkard, a busi-
nessman, a lamplighter, and a geographer, the little prince lands in the Sahara
85 desert, where he happens upon a rose garden.*

Mais il arriva° que le petit prince, ayant longtemps marché à travers
les sables°, les rocs et les neiges, découvrit enfin une route. Et les routes
vont toutes chez les hommes.

— Bonjour, dit-il.
90 C'était un jardin fleuri de roses.

— Bonjour, dirent les roses.

Le petit prince les regarda. Elles ressemblaient toutes à sa fleur.

— Qui êtes-vous? leur demanda-t-il, stupéfait.

— Nous sommes des roses, dirent les roses.
95 — Ah! fit° le petit prince …

---

sot(te) foolish / **tâcher** to try / **laisse ce globe tranquille** let this globe alone /
la douceur sweetness / **laisse ce globe tranquille** leave this globe alone / **être**
si enrhumé to have so bad a cold / **la bête** animal / **supporter** to put up with /
la chenille caterpillar / **le papillon** butterfly / **loin** far away / **la griffe** claw /
l'épine (*f*) thorn / **quant à** as for / **traîner** to linger / **agaçant** irritating / **vît**
see / **orgueilleux(orgueilleuse)** proud / **mais il arriva** but it happened / **le**
sable sand / **fit** said (passé simple of **faire**)

Et il se sentit très malheureux. Sa fleur lui avait raconté qu'elle était seule de son espèce° dans l'univers. Et voici qu'il en était cinq mille, toutes semblables, dans un seul jardin!

100 «Elle serait bien vexée, se dit-il, si elle voyait ça ... elle tousserait énormément et ferait semblant de° mourir pour échapper° au ridicule. Et je serais bien obligé de faire semblant de la soigner°, car°, sinon, pour m'humilier moi aussi, elle se laisserait vraiment mourir ... »

Puis il se dit encore: «Je me croyais riche d'une fleur unique, et je ne possède qu'une rose ordinaire.» ... Et, couché dans l'herbe, il pleura.

————————————

l'espèce (*f*) kind / **faire semblant de** to pretend / **échapper à** to escape from / **soigner** to care for / **car** for

Activités de compréhension

B. Vrai ou Faux? Êtes-vous d'accord ou non avec les déclarations suivantes? Si non, expliquez.

1. La rose ressemble aux autres fleurs sur la planète du petit prince.
2. Elle passe beaucoup de temps à faire sa toilette.
3. Quand la rose apparaît finalement, le petit prince la trouve ordinaire.
4. La rose aime faire la coquette.
5. Le petit prince arrose sa fleur avec son arrosoir.
6. Il lui dit de faire attention aux tigres sur sa planète.
7. Il lui donne un paravent pour la protéger contre les courants d'air.
8. Il la met sous globe parce qu'elle a froid.
9. La rose rend le petit prince très heureux.
10. Elle est contente de voir partir le petit prince.
11. Quand le petit prince rencontre les autres roses, il est surpris.
12. Il pense que sa rose serait contente si elle voyait un jardin de roses.
13. Le petit prince pleure parce qu'il pense que sa rose n'est qu'une rose ordinaire.

C. À votre avis, est-ce que la rose a été bien ou mal traitée par le petit prince? Citez au moins trois exemples précis dans le texte pour justifier votre réponse.

D. À votre avis, est-ce que la rose change d'attitude quand le petit prince lui dit adieu? Si oui, donnez des exemples précis dans le texte qui montrent ce changement d'attitude.

Activités de création

E. Transformez la scène entre le petit prince et la rose en pièce de théâtre et jouez-la devant la classe.

F. Imaginez que le petit prince décide de rester avec la rose. Ils décident d'aller voir un conseiller conjugal (*marriage counselor*) pour essayer de résoudre (*resolve*) leurs problèmes. Préparez une discussion entre le petit prince, la rose et le conseiller conjugal.

G. Imaginez que la rose fait un cauchemar (*nightmare*). Dans son cauchemar elle se trouve en face d'un tigre énorme. Qu'est-ce qu'elle va faire? Est-ce que le petit prince va l'aider? Inventez ce cauchemar!

H. Imaginez que le petit prince dit adieu à la rose, mais la rose refuse de le laisser partir. Elle donne toutes sortes d'arguments pour le persuader de rester avec elle. Préparez cette conversation.

——————————— **Lecture II** ———————————

Activité de préparation

A. Complétez les phrases suivantes en employant les mots donnés, puis jouez les dialogues. Faites tous les changements nécessaires.

1. pomme (*f*), pommier (*m*) (*apple tree*)
   — D'où vient cette _____ délicieuse?
   — De mon _____ , dans le jardin.
2. renard (*m*) (*fox*), terrier (*m*) (*burrow*)
   — Où habitent les _____ , papa (maman)?
   — Dans des _____ , mon fils (ma fille).
3. rose (*f*), épine (*f*) (*thorn*)
   — La vie n'est pas toujours gaie, hein?
   — C'est vrai. Comme on dit, il n'y a pas de _____ sans
   _____ .
4. homme, renard, poule (*f*) (*hen*)
   — Les _____ chassent les _____ , mais qui chasse les renards?
   — Les _____ , bien sûr!
5. champs (*m*) (*field*), blé (*m*) (*wheat*), or (*m*) (*gold*)
   — Regarde ces jolis _____ ! Ils sont couleur d' _____ .
   — C'est parce que le _____ est mûr (*ripe*).

6. ami, lien (*m*) (*tie*)
   — Que signifie «créer des _____ »?
   — Ça veut dire devenir _____ avec quelqu'un.

[Please review the formation of the *passé simple*, pp. 1–4, before reading this selection.]

Le Petit Prince et le renard

[*Immediately after speaking to the roses (see p. 33), the little prince runs into a fox.*]

C'est alors qu'apparut° le renard:

— Bonjour, dit le renard.

— Bonjour, répondit poliment le petit prince, qui se retourna° mais ne vit° rien.

5   — Je suis là, dit la voix sous le pommier° …

— Qui es-tu? dit le petit prince. Tu es bien° joli …

— Je suis un renard, dit le renard.

— Viens jouer avec moi, lui proposa le petit prince. Je suis tellement° triste …

10   — Je ne puis° pas jouer avec toi, dit le renard. Je ne suis pas apprivoisé°.

— Ah! pardon, fit° le petit prince.

Mais, après réflexion, il ajouta:

— Qu'est-ce que signifie «apprivoiser»?

15   — Tu n'es pas d'ici, dit le renard, que cherches-tu?

— Je cherche les hommes, dit le petit prince. Qu'est-ce que signifie «apprivoiser»?

— Les hommes, dit le renard, ils ont des fusils° et ils chassent°. C'est bien gênant°! Ils élèvent° aussi des poules°. C'est leur seul intérêt. Tu
20   cherches des poules?

— Non, dit le petit prince. Je cherche des amis. Qu'est-ce que signifie «apprivoiser»?

— C'est une chose trop oubliée, dit le renard. Ça signifie «créer des liens° … »

---

apparaître to appear / **se retourner** to turn around / **vit** passé simple of **voir** /
le pommier apple tree / **bien** very / **tellement** so / **je ne puis** I can't /
apprivoisé tamed / **fit** said (passé simple of **faire**) / **le fusil** gun / **chasser** to
hunt / **gênant** disturbing / **élever** to raise / **la poule** hen / **le lien** tie

25   — Créer des liens?

     — Bien sûr, dit le renard. Tu n'es encore pour moi qu'un petit garçon tout semblable° à cent mille petits garçons. Et je n'ai pas besoin de toi. Et tu n'as pas besoin de moi non plus. Je ne suis pour toi qu'un renard semblable à cent mille renards. Mais, si tu m'apprivoises, nous aurons
30 besoin l'un de l'autre. Tu seras pour moi unique au monde. Je serai pour toi unique au monde …

     — Je commence à comprendre, dit le petit prince. Il y a une fleur … je crois qu'elle m'a apprivoisé …

     — C'est possible, dit le renard. On voit sur la Terre toutes sortes de
35 choses …

     — Oh! ce n'est pas sur la Terre, dit le petit prince.

     Le renard parut très intrigué:

     — Sur une autre planète?

     — Oui.
40   — Il y a des chasseurs°, sur cette planète-là?

     — Non.

     — Rien n'est parfait, soupira° le renard.

     Mais le renard revint° à son idée:

     — Ma vie est monotone. Je chasse les poules, les hommes me chassent.
45 Toutes les poules se ressemblent, et tous les hommes se ressemblent. Je m'ennuie° donc un peu. Mais, si tu m'apprivoises, ma vie sera comme ensoleillée°. Je connaîtrai un bruit de pas° qui sera différent de tous les autres. Les autres pas me font rentrer sous terre. Le tien m'appellera hors du terrier,° comme une musique. Et puis regarde! Tu vois, là-bas, les
50 champs de blé°? Je ne mange pas de pain. Le blé pour moi est inutile. Les champs de blé ne me rappellent° rien. Et ça, c'est triste! Mais tu as des cheveux couleur d'or°. Alors ce sera merveilleux quand tu m'auras apprivoisé! Le blé, qui est doré°, me fera souvenir° de toi. Et j'aimerai le bruit du vent dans le blé …
55   Le renard se tut° et regarda lontemps le petit prince:

     — S'il te plaît … apprivoise-moi, dit-il!

     — Je veux bien, répondit le petit prince, mais je n'ai pas beaucoup de temps. J'ai des amis à découvrir et beaucoup de choses à connaître.

     — On ne connaît que les choses que l'on apprivoise, dit le renard.

---

tout semblable à just like / **le chasseur** hunter / **soupirer** to sigh / **revint** passé simple of **revenir** / **s'ennuyer** to be bored / **comme ensoleillé** as if brightened by the sun / **un bruit de pas** a footstep / **Le tien … terrier, …** Yours will call me out of my burrow, … / **le champ de blé** wheatfield / **rappeler** to recall / **l'or** (*m*) gold / **doré** golden / **me fera souvenir** will make me remember / **se tut** passé simple of **se taire,** to become silent

60 Les hommes n'ont plus le temps de rien connaître. Ils achètent des choses toutes faites° chez les marchands°. Mais comme il n'existe point° de marchands d'amis, les hommes n'ont plus d'amis. Si tu veux un ami, apprivoise-moi!

— Que faut-il faire? dit le petit prince.

65 — Il faut être très patient, répondit le renard. Tu t'assoiras° d'abord un peu loin de moi, comme ça, dans l'herbe. Je te regarderai du coin° de l'œil et tu ne diras rien. Le langage est source de malentendus°. Mais, chaque jour, tu pourras t'asseoir un peu plus près …

Le lendemain° revint le petit prince.

70 — Il eût mieux valu° revenir à la même heure, dit le renard. Si tu viens, par exemple, à quatre heures de l'après-midi, dès trois heures° je commencerai d'être heureux. Plus° l'heure avancera, plus° je me sentirai heureux. À quatre heures, déjà, je m'agiterai° et m'inquiéterai°; je découvrirai le prix du bonheur°! Mais si tu viens n'importe quand°, je ne saurai 75 jamais à quelle heure m'habiller le cœur … Il faut des rites.

— Qu'est-ce qu'un rite? dit le petit prince.

— C'est aussi quelque chose de trop oublié, dit le renard. C'est ce qui fait qu'un jour est différent des autres jours, une heure, des autres heures. Il y a un rite, par exemple, chez mes chasseurs. Ils dansent le 80 jeudi avec les filles du village. Alors le jeudi est jour merveilleux! Je vais me promener jusqu'à la vigne°. Si les chasseurs dansaient n'importe quand, les jours se ressembleraient tous, et je n'aurais point de vacances.

Ainsi le petit prince apprivoisa le renard. Et quand l'heure du départ fut proche°:

85 — Ah! dit le renard … Je pleurerai.

— C'est ta faute, dit le petit prince, je ne te souhaitais° point de mal, mais tu as voulu que je t'apprivoise …

— Bien sûr, dit le renard.

— Mais tu vas pleurer! dit le petit prince.

90 — Bien sûr, dit le renard.

— Alors tu n'y gagnes° rien!

— J'y gagne, dit le renard, à cause de la couleur du blé.

Puis il ajouta:

— Va revoir les roses. Tu comprendras que la tienne° est unique au

toutes faites ready-made / **le marchand** merchant / **il n'existe point** there exist no / **s'asseoir** to sit / **le coin** corner / **le malentendu** misunderstanding / **le lendemain** the next day / **il eût mieux valu** it would have been better / **dès trois heures** from three o'clock on / **plus … plus** the more … the more / **s'agiter** to become excited / **s'inquiéter** to worry / **le bonheur** happiness / **n'importe quand** any time at all / **la vigne** vineyards / **proche** near / **souhaiter** to desire / **gagner** to gain / **la tienne** yours

95 monde. Tu reviendras me dire adieu, et je te ferai cadeau d'un secret.

Le petit prince s'en fut° revoir les roses:

— Vous n'êtes pas du tout semblables à ma rose, vous n'êtes rien encore, leur dit-il. Personne ne vous a apprivoisées et vous n'avez apprivoisé personne. Vous êtes comme était mon renard. Ce n'était qu'un
100 renard semblable à cent mille autres. Mais j'en ai fait mon ami, et il est maintenant unique au monde.

Et les roses étaient bien gênées°.

— Vous êtes belles, mais vous êtes vides°, leur dit-il encore. On ne peut pas mourir pour vous. Bien sûr, ma rose à moi, un passant° ordinaire
105 croirait qu'elle vous ressemble. Mais à elle seule° elle est plus importante que vous toutes, puisque° c'est elle que j'ai arrosée°. Puisque c'est elle que j'ai mise sous globe. Puisque c'est elle que j'ai abritée° par le paravent°. Puisque c'est elle dont j'ai tué les chenilles° (sauf° les deux ou trois pour les papillons°). Puisque c'est elle que j'ai écoutée se plaindre°, ou se
110 vanter°, ou même quelquefois se taire. Puisque c'est ma rose.

Et il revint vers le renard:

— Adieu, dit-il …

— Adieu, dit le renard. Voici mon secret. Il est très simple: on ne voit bien qu'avec le cœur. L'essentiel est invisible pour les yeux.
115 — L'essentiel est invisible pour les yeux, répéta le petit prince, afin de° se souvenir.

— C'est le temps que tu as perdu pour ta rose qui fit ta rose si importante.

— C'est le temps que j'ai perdu pour ma rose … fit le petit prince,
120 afin de se souvenir.

— Les hommes ont oublié cette vérité, dit le renard. Mais tu ne dois pas l'oublier. Tu deviens responsable pour toujours de ce que tu as apprivoisé. Tu es responsable de ta rose …

— Je suis responsable de ma rose … répéta le petit prince afin de se
125 souvenir.

----

s'en fut passé simple of s'en aller, to leave / être gêné to be disturbed / vide empty / le passant passer-by / à elle seule she alone / puisque since / arroser to water / abriter to shelter / le paravent screen / la chenille caterpillar / sauf except / le papillon butterfly / se plaindre to complain / se vanter to boast / afin de in order to

Activités de compréhension

B. Vrai ou Faux? Êtes-vous d'accord ou non avec les déclarations suivantes? Si non, expliquez.

1. Le petit prince voudrait jouer avec le renard.
2. Le renard refuse de jouer parce qu'il est occupé.
3. Le mot «apprivoiser» signifie «créer des disputes».
4. La vie du renard n'est pas très intéressante.
5. Le renard demande au petit prince de l'apprivoiser.
6. Si le petit prince apprivoise le renard, le blé aura une signification spéciale pour le renard.
7. Selon le renard, on ne connaît que les choses que l'on apprivoise.
8. Le renard dit que le langage est important quand on veut apprivoiser quelqu'un.
9. Le renard demande au petit prince de revenir le voir quand il voudra.
10. Selon le renard, les rites sont importants quand on veut apprivoiser quelqu'un.
11. Quand le petit prince décide de partir, le renard est malheureux.
12. Quand le petit prince revoit les roses, il leur dit qu'elles sont uniques au monde.
13. Le secret du renard est si compliqué que le petit prince ne le comprend pas.

C. À votre avis, comment est-ce que la vie du renard a été transformée par l'amitié (*friendship*) du petit prince? Donnez des exemples précis dans le texte pour justifier votre réponse.

D. À votre avis, comment est-ce que la vie du petit prince a été transformée par l'amitié du renard? Donnez des exemples précis dans le texte pour justifier votre réponse.

Activités de création

E. Qu'est-ce qu'un ami pour vous? Préparez une réponse à cette question et partagez-la (*share it*) avec les autres étudiants.

F. Imaginez que le petit prince retourne sur sa planète pour voir sa rose. Il lui parle de sa conversation avec le renard. Préparez le dialogue entre le petit prince et la rose.

G. Le renard se sent seul après le départ du petit prince. Imaginez qu'il décide d'apprivoiser une des roses du jardin des roses. Décrivez cette scène.

H. Imaginez qu'on a demandé au renard de venir dans la classe de français. Le titre de son discours est «Comment créer des liens avec les autres». Il donne comme exemple (*as an example*) sa rencontre avec le petit prince. Préparez ce discours et présentez-le devant la classe.

Pablo Picasso, Colombe Volant *(1952)*
lithograph. By permission of Art Re-
source, N.Y. © 1993 ARS, N.Y. /
SPADEM, Paris.

Jacques Prévert

Jacques Prévert (1900–1977) had a gift for capturing the popular imagination, which made him one of the most widely read French poets of the twentieth century. Paroles *(1946), his most popular and enduring collection of poems, was followed by* Spectacle *(1951) and* La Pluie et le beau temps *(1955). Prévert also achieved success as a writer of screen plays—he wrote more than thirty in all—and of children's stories and popular songs.*

The major theme in Prévert's poetry is freedom. In fact, his poems can be viewed as a celebration of those who defy the representatives of established authority, namely, teachers, priests, military leaders, intellectuals, and businessmen. A recurring hero in Paroles *is the dunce who rebels against the unimaginative and lifeless ritual of the classroom. Another of Prévert's favored images is the bird, a traditional symbol of freedom, which Prévert often uses to satirize established social institutions.*

Prévert's many readers have been attracted as much by his style as his themes. Though meticulously crafted, his poems possess an admirable simplicity that appeals directly to the reader. They often tell a story through the use of common vocabulary and uncomplicated syntax.

The following poems are two of Prévert's most popular. "Déjeuner du matin" succeeds in telling an emotionally poignant story by focussing exclusively on the outward actions of the participants, a cinematographic technique reminiscent of Prévert's work as a screen writer. In "Page d'écriture," a poem with freedom as its theme, an oppressive classroom is magically transformed into a natural setting by one of Prévert's favorite heroes—a bird.

Activités de préparation

A. Soulignez (*underline*) le mot qui ne va pas dans chaque série, selon le modèle.

MODÈLE: étudiant   escargot   professeur

1. boire   manger   fumer
2. la tasse   la cigarette   le verre
3. le café   le thé   le pain
4. pleuvoir   neiger   pleurer

B. Complétez avec les mots appropriés de l'exercice A, puis jouez les dialogues.

1. — Qu'est-ce que tu bois?
   — Du _____ au lait. Est-ce que tu en veux?
2. — Veux-tu une cigarette?
   — Non, merci. Je déteste _____ !
3. — Crétin, idiot, imbécile!
   — Si tu continues à me parler comme ça, je vais commencer à _____ !
4. — Pourquoi mets-tu un manteau de pluie (*raincoat*)?
   — Je pense qu'il va _____ .
5. — Comme il fait froid!
   — Je vais te donner une _____ de chocolat chaud.

—————

Déjeuner du matin

Il a mis le café
Dans la tasse
Il a mis le lait
Dans la tasse de café
5 Il a mis le sucre
Dans le café au lait
Avec la petite cuiller°
Il a tourné
Il a bu le café au lait
10 Et il a reposé° la tasse

la petite cuiller teaspoon / **reposer** to put down

Sans me parler
Il a allumé°
Une cigarette
Il a fait des ronds°
15 Avec la fumée°
Il a mis les cendres°
Dans le cendrier°
Sans me parler
Sans me regarder
20 Il s'est levé
Il a mis
Son chapeau sur sa tête
Il a mis
Son manteau de pluie
25 Parce qu'il pleuvait
Et il est parti
Sous la pluie
Sans une parole°
Sans me regarder
30 Et moi j'ai pris
Ma tête dans ma main
Et j'ai pleuré°.

———————

allumer to light / **faire des ronds** to make (smoke) rings / **la fumée** smoke / **la cendre** ash / **le cendrier** ashtray / **la parole** word / **pleurer** to cry

Activités de compréhension

C. Vrai ou Faux? Êtes-vous d'accord ou non avec les déclarations suivantes? Si non, expliquez.

1. L'homme a mis le café, le lait et le sucre dans la tasse.
2. Il a tourné avec la petite cuiller.
3. Il a commencé à parler.
4. Il a fait des ronds avec les cendres.
5. Il s'est levé.
6. Il a mis son chapeau et son manteau parce qu'il faisait froid.
7. Il a décidé de rester.
8. Il a commencé à pleurer.

D. Ce poème décrit les actions et les sentiments de deux personnes. À votre avis, est-ce que ces deux personnes s'entendent (*get along*) bien ou mal? Donnez des exemples précis dans le texte pour justifier votre réponse.

Activités de création

E. Transformez le poème en pièce de théâtre et jouez la scène devant la classe.

F. Imaginez que vous êtes la personne qui pleure dans le poème. Vous écrivez une lettre à un(e) ami(e) où vous lui décrivez ce qui est arrivé.

G. Faites le portrait imaginaire des deux personnes dans le poème. Qui sont-elles? Quel âge ont-elles? De quel sexe sont-elles? Pourquoi sont-elles ensemble? Etc.

H. Écrivez une autre conclusion à ce poème en remplaçant ou en modifiant les trois derniers vers (*lines*).

––––––––––––– **Lecture II** –––––––––––––

Activités de préparation

A. Soulignez (*underline*) le mot qui ne va pas dans chaque série, selon le modèle. Si vous ne savez pas le sens d'un mot, recherchez-le dans le lexique à la fin du livre.

MODÈLE: crier voir regarder

1. la chanson   le mur   la mélodie
2. la chaise   le pupitre   l'oiseau (*m*)
3. huit   seize   l'encre (*f*)
4. cacher   voir   regarder

B. Complétez avec les mots appropriés de l'exercice A, puis jouez les dialogues.

1. — Combien font huit et huit?
   — _____ , Monsieur!
2. — Comme tu chantes bien, Mireille!
   — J'adore cette _____ .
3. — Benoît, je te demande pour la dernière fois. Où as-tu caché mon stylo?
   — Dans mon _____ , Monsieur.
4. — Benoît! Tu regardes encore par la fenêtre!
   — Je vois un _____ qui vole, Monsieur!

Page d'écriture°

Deux et deux quatre   *combien font 2 et 2 ?*
quatre et quatre huit
huit et huit font seize …
Répétez! dit le maître°
5 Deux et deux quatre
quatre et quatre huit
huit et huit font seize.
Mais voilà l'oiseau-lyre°
qui passe dans le ciel
10 l'enfant le voit
l'enfant l'entend
l'enfant l'appelle: *ec jobin*
Sauve°-moi   *save me*
joue avec moi
15 oiseau!
Alors l'oiseau descend
et joue avec l'enfant
Deux et deux quatre …
Répétez! dit le maître
20 et l'enfant joue
l'oiseau joue avec lui …
Quatre et quatre huit
huit et huit font seize
et seize et seize qu'est-ce qu'ils font?
25 Ils ne font rien seize et seize
especially
et surtout pas trente-deux
de toute façon°
et ils s'en vont°.   *they go away*
Et l'enfant a caché° l'oiseau
30 dans son pupitre°
et tous les enfants
entendent sa chanson
et tous les enfants
entendent la musique

---

l'écriture (*f*) writing / **le maître** teacher / **l'oiseau-lyre** (*m*) lyrebird (bird whose tail spreads during courtship, like that of a peacock) **sauver** to save / **de toute façon** anyway / **s'en aller** to leave / **cacher** to hide / **le pupitre** desk

35 et huit et huit à leur tour° s'en vont
et quatre et quatre et deux et deux
à leur tour fichent le camp°
et un et un ne font ni une ni deux
un à un s'en vont également°.
40 Et l'oiseau-lyre joue
et l'enfant chante
et le professeur crie:
Quand vous aurez fini de faire le pitre!°
Mais tous les autres enfants
45 écoutent la musique
et les murs° de la classe
s'écroulent° tranquillement.
Et les vitres° redeviennent sable°
l'encre° redevient eau
50 les pupitres redeviennent arbres
la craie° redevient falaise°
le porte-plume° redevient oiseau.

à leur tour in their turn / **ficher le camp** (*fam*) get out / **un ... également** one
by one they leave as well / **Quand ... pitre!** When you've finished acting like a
clown! / **le mur** wall / **s'écrouler** to collapse / **la vitre** window pane / **redevenir**
to become again, to go back to / **le sable** sand / **l'encre** (*f*) ink / **la craie** chalk /
la falaise cliff / **le porte-plume** pen-holder

Activités de compréhension

C. Vrai ou Faux? Êtes-vous d'accord ou non avec les déclarations
suivantes? Si non, expliquez.

1. Le maître répète les tables de multiplication.
2. Un oiseau-lyre passe dans le ciel.
3. Le maître voit l'oiseau.
4. L'enfant joue avec l'oiseau.
5. Seize et seize s'en vont.
6. L'enfant cache l'oiseau dans son pupitre.
7. Le maître entend la chanson de l'oiseau.
8. La chanson de l'oiseau est magique.
9. Les murs, les vitres, l'encre, les pupitres, la craie et le porte-
plume sont miraculeusement transformés.

D. À votre avis, comment l'enfant trouve-t-il l'école? Répondez en employant l'adjectif donné, selon le modèle.

MODÈLE: intéressante
Oui, il la trouve intéressante. ou
Non, il ne la trouve pas intéressante.

1. froide
2. amusante
3. ennuyeuse (*boring*)
4. vivante
5. impersonnelle
6. chaleureuse (*warm*)
7. sévère

E. À votre avis, qu'est-ce que l'oiseau-lyre représente? Plusieurs réponses sont possibles.

1. l'imagination
2. l'intelligence
3. la liberté
4. la discipline
5. l'amour
6. le jeu (*play*)

Activités de création

F. Imaginez que vous êtes l'oiseau-lyre. Écrivez les paroles (*words*) de la chanson que vous chantez quand vous êtes dans le pupitre de l'enfant.

G. Transformez le poème en pièce de théâtre et jouez la scène devant la classe.

H. Imaginez une conversation entre l'enfant et l'oiseau-lyre.

I. Écrivez un dialogue entre le maître et le proviseur (*principal*). Le maître lui explique ce qui s'est passé dans la salle de classe. Le proviseur pense que le maître est fou!

Colette avec son chat. By permission of
The Bettmann Archive.

Colette

Sidonie-Gabrielle Colette (1873–1954) is considered to be one of the most talented French women writers of modern times. She is known mostly for her novels, among them La Vagabonde *(1910),* Chéri *(1920), and* Le Blé en herbe *(1923). Married three times and divorced twice, a mime and dancer in music halls, an actress who mingled freely with unconventional friends, her private and professional lives were colorful and sometimes tumultuous.*

Her musical prose is vivid, crisp, and fresh, frothing with sensuous images that strike the reader with their immediacy. She has an uncanny natural talent for capturing the smells, sights, and sounds of nature and the shifting and half-hidden psychological states of people. Like all great artists, she accepts the ambiguities in nature and trusts her own intuition. Her voluptuous language and extensive vocabulary make her works difficult to translate.

One of her favorite themes is the intimate relationship that exists between animals and people. This interest was kindled by her beloved mother, Sido, who kept a house full of cats and dogs. Colette followed suit, often having more than ten cats at a time living with her; she had dogs also, and even a pet squirrel. She often wrote stories about animals, among them Dialogues de bêtes *(1904) and* La Chatte *(1933), in which the hero makes his wife furiously jealous when he attempts to recapture his youth by returning to his first love, a cat.*

When she died, she was given a sumptuous state funeral—an unusual honor for a woman. Outside her apartment in the Palais-Royal in Paris is a plaque reading "Ici vécut, ici mourut Colette, dont l'œuvre est une fenêtre grande ouverte sur la vie."

The first selection comes from Les Vrilles de la vigne *(1908), a collection of personal sketches that first appeared in the weekly,* La Vie parisienne. *The second selection, "Capucin et Adimah", is taken from* Chats *(1935), a collection of five monologues and dialogues spoken by cats.*

Activités de préparation

A. Imaginez que vous êtes à la plage. Vous lisez tranquillement un roman (*novel*) quand, tout à coup, vous entendez un nageur (*swimmer*) qui crie "Au secours (*Help*)!" Vous pensez qu'il est en train de se noyer (*to drown*). Qu'est-ce que vous allez faire? Plusieurs réponses sont possibles.

 1. Je vais chercher tout de suite le maître-nageur (*lifeguard*).
 2. Je vais crier pour attirer l'attention des autres nageurs.
 3. Je vais continuer à lire mon roman, qui est très intéressant.
 4. Je vais nager à son secours.
 5. Pris(e) de panique, je ne vais pas bouger (*move*).

B. Qu'est-ce que vous aimez faire à la plage et qu'est-ce que vous n'aimez pas y faire? Répondez selon le modèle.

MODÈLE: construire des châteaux de sable (*sand*)
J'aime construire des châteaux de sable. ou
Je n'aime pas construire des châteaux de sable.

 1. lire des livres
 2. nager dans la mer
 3. faire du ski nautique (*to water ski*)
 4. jouer dans le sable avec une petite pelle (*shovel*)
 5. regarder les mouettes (*seagulls*)
 6. taquiner (*to tease*) tout le monde
 7. m'allonger sur le sable
 8. courir sur la plage
 9. rôtir (*to roast*) au soleil

—————————

Les Vrilles de la vigne°

Beau temps. On a mis tous les enfants à cuire° ensemble sur la plage. Les uns rôtissent° sur le sable sec°, les autres mijotent au bain-marie° dans les flaques° chaudes. La jeune maman, sous l'ombrelle de toile rayée°, oublie délicieusement ses deux gosses° et s'enivre°, les joues° chaudes,

les vrilles (*f*) **de la vigne** grapevine tendrils / **cuire** to cook, bake / **rôtir** to roast / **le sable sec** dry sand / **mijoter au bain-marie** to simmer / **la flaque** puddle, pool / **l'ombrelle** (*f*) **de toile rayée** striped umbrella / **le (la) gosse** (*fam*) kid / **s'enivrer de** to get drunk (*here*: to be enthralled by) / **la joue** cheek

5   d'un roman° mystérieux, habillé comme elle de toile écrue ...°

   — Maman! ...

   — ...

   — Maman, dis donc°, maman! ...

   Son gros petit garçon, patient et têtu°, attend, la pelle° aux doigts°,
10 les joues sablées° comme un gâteau ...

   — Maman, dis donc, maman ...

   Les yeux de la liseuse° se lèvent enfin, hallucinés°, et elle jette dans
   un petit aboiement excédé:°

   — Quoi?

15   — Maman, Jeannine est noyée°.

   — Qu'est-ce que tu dis?

   — Jeannine est noyée, répète le bon gros petit garçon têtu.

   Le livre vole°, le pliant° tombe ...

   — Qu'est-ce que tu dis, petit malheureux? ta sœur est noyée?

20   — Oui. Elle était là, tout à l'heure°, elle n'y est plus. Alors je pense
   qu'elle s'est noyée.

   La jeune maman tourbillonne° comme une mouette° et va crier° ...
   quand elle aperçoit la «noyée» au fond d'une cuve de sable,° où elle fouit°
   comme un ratier° ...

25   — Jojo! tu n'as pas honte° d'inventer des histoires pareilles° pour
   m'empêcher° de lire? Tu n'auras pas de chou à la crème° à quatre heures!

   Le bon gros écarquille des yeux candides°.

   — Mais c'est pas pour te taquiner°, maman! Jeannine était plus là,
   alors je croyais qu'elle était noyée.

30   — Seigneur°! il le croyait!!! et c'est tout ce que ça te faisait?°

   Consternée°, les mains jointes°, elle contemple son gros petit garçon,
   par-dessus l'abîme° qui sépare une grande personne civilisée d'un petit
   enfant sauvage ...

---

le roman novel / **habillé ... écrue** ... covered, as she is, in unbleached cloth /
dis donc (*fam*) say (*here*: listen to me) / **têtu** willful, stubborn / **la pelle** shovel /
aux doigts in his fingers / **sablé** covered with sand / **la liseuse** (female) reader /
halluciné oblivious / **elle jette dans un petit aboiement excédé** she lets out an
aggravated little cry / **noyé** drowned / **voler** to fly (out of her hands) / **le pliant**
collapsible chair / **tout à l'heure** a few minutes ago / **tourbillonner** to whirl / **la
mouette** seagull / **crier** to shout / **au fond ... de sable** at the bottom of a hole
in the sand / **fouir** dig / **le ratier** ratcatcher / **avoir honte** to be ashamed / **pareil**
such / **empêcher** to hinder, prevent / **le chou à la crème** cream puff /
écarquiller des yeux candides to open wide his innocent eyes / **taquiner** to
tease / **Seigneur** Lord / **C'est tout ce que ça te faisait?** Is that all it meant to
you? / **consterné** dismayed / **joint** joined / **par-dessus l'abîme** (*m*) across the
abyss

Activités de compréhension

C. Vrai ou Faux? Êtes-vous d'accord ou non avec les déclarations suivantes? Si non, expliquez.

1. La jeune mère rôtit sur le sable.
2. Elle lit un roman.
3. Quand Jojo l'appelle, elle l'entend tout de suite.
4. Jojo dit que Jeannine est noyée.
5. La mère reste très calme.
6. Finalement, elle voit Jeannine dans le sable.
7. La mère punit Jojo.
8. Jojo dit qu'il voulait taquiner sa mère.

D. À votre avis, pourquoi Jojo dit-il que sa sœur est noyée? Plusieurs réponses sont possibles.

1. Il pense vraiment que sa sœur est noyée.
2. Il veut taquiner sa mère.
3. Il veut être méchant.
4. Il veut attirer l'attention de sa mère.
5. Il ne comprend pas la signification du mot *noyée*.

E. Caractérisez Jojo en employant les adjectifs suivants selon le modèle.

MODÈLE: méchant
Il est méchant. ou
Il n'est pas méchant.

1. naïf
2. sage (*well-behaved*)
3. rusé (*sly*)
4. taquin
5. têtu
6. gourmand (*fond of sweets*)
7. gâté (*spoiled*)
8. égoïste
9. adorable
10. obéissant
11. malin (*cunning*)

Activités de création

F. Remplacez les tirets avec les mots suivants, puis jouez le dialogue.

Noms	**Verbes**	**Adjectif**
chou à la crème	contemple	pareilles
honte	dis	
pelle	lis	
flaque	taquines	

(*À la plage*)

Jojo:	Maman, dis donc, maman!
Mère:	Qu'est-ce qu'il y a, Jojo? Tu vois bien que je _____ mon roman.
Jojo:	Regarde ce qu'il y a dans ma _____ !
Mère:	Quel joli petit crabe! Où l'as-tu trouvé, chéri?
Jojo:	Dans la _____ chaude, là-bas. Il y en avait deux, maman, mais j'ai mangé l'autre!
Mère:	Qu'est-ce que tu _____ ?
Jojo:	Je pense qu'il nage dans mon estomac!
Mère:	Tu me _____ toujours, petit malheureux!
Jojo:	Mais non, maman!
Mère:	N'as-tu pas _____ d'inventer des histoires _____ ?
Jojo:	Mais ce n'est pas une histoire, maman. Il nage maintenant! Je le sens!
Mère:	Je pense que tu n'auras pas de _____ à quatre heures ...
Jojo:	(Il _____ sa mère.) Je n'ai mangé qu'un seul crabe, maman! Ne t'inquiète pas!

G. Jouez cette scène (pp. 52–53) avec des camarades de classe.

H. Imaginez un des dialogues suivants:

1. Jojo parle à son père le lendemain de (*the day after*) cet incident.
2. Jojo voudrait un chou à la crème à quatre heures, mais sa mère ne veut pas lui en acheter un.
3. Jeannine accuse Jojo d'être gâté et méchant, et Jojo se défend.
4. Jojo raconte à Jeannine ce qu'il a dit à sa mère.

Lecture II

Activités de préparation

A. Que pensez-vous des chats? Caractérisez-les en employant les adjectifs suivants selon le modèle.

MODÈLE: fidèle
         Ils sont fidèles. ou
         Ils ne sont pas fidèles.

1. affectueux
2. féroce
3. gourmand
4. sale (*dirty*)
5. curieux
6. agile
7. mystérieux
8. bruyant (*noisy*)
9. fidèle
10. actif

B. Connaissez-vous la psychologie des chats? Qu'est-ce qu'un chat va probablement faire dans les situations suivantes? Répondez en employant un des trois verbes suivants selon le modèle:

ronronner (*to purr*)
sortir ses griffes (*to show his claws*)
miauler (*to meow*)

MODÈLE: Il est attaqué par un chien féroce.
         Il va sortir ses griffes.

1. Il fait beau et il veut sortir de la maison.
2. Il a faim et il voudrait manger des sardines.
3. Il se lave en se léchant les pattes (*licking his paws*).
4. Il se repose tranquillement sur le divan.
5. Il se fâche contre son maître, qui joue trop brusquemment avec lui.
6. Il a soif et il voudrait boire du lait.
7. Il voit une souris (*mouse*) qui court devant son nez.
8. Il se frotte contre (*rubs up against*) la jambe de son maître.

Capucin et Adimah

Premier Jour

CAPUCIN: Adimah, veux-tu m'épouser°?

ADIMAH: Qu'est-ce que tu as dit?

CAPUCIN: Veux-tu m'épouser?

ADIMAH, *ravissante° et blanche, toute pureté:*   Je ne comprends pas ce que tu
5 veux dire.

CAPUCIN, *couleur de bure°, vexé:*   Mettons° que je n'aie rien dit.

ADIMAH: Mais tu n'as rien dit.

Deuxième Jour

CAPUCIN: Qu'est-ce que tu regardes dans le jardin?

ADIMAH: Rien.

10 CAPUCIN: Alors pourquoi regardes-tu le jardin?

ADIMAH, *agacée°:*   Je ne regarde pas le jardin! Je regarde, je ne sais pas,
moi ... Le ciel, une apparition°, tout ce qui n'existe pas ... Mon rêve ...
(Silence.)

CAPUCIN: Veux-tu m'épouser?

15 ADIMAH, *après un silence:*   C'est drôle°, j'ai entendu cette phrase-là quelque
part ...

> Dans le jardin, le lierre° qui couvre le mur de clôture° s'agite°.

> D'un remous de feuilles° émerge un long matou rayé° qui se laisse couler°
jusqu'en bas° du mur et rampe° vers le massif° de rhododendrons.

20 ADIMAH, *léger° cri:*   Ah! ...

CAPUCIN, *qui n'a rien vu:*   Qu'est-ce que tu as?

ADIMAH, *rêveuse:*   Lèche-moi° l'oreille droite, veux-tu?

Troisième Jour

ADIMAH, *seule, languissante°, appelant:*   Capucin! ... ô Capucin! ...

CAPUCIN, *accourant°:*   Voilà! voilà! Tu m'as appelé, ma chérie? Veux-tu

---

épouser to marry / **ravissant** ravishing / **la bure** homespun (brownish) /
mettons let's pretend / **agacé** irritated / **l'apparition** (*f*) ghost / **drôle** funny / **le
lierre** ivy / **le mur de clôture** enclosing wall / **s'agiter** to shake / **d'un remou
de feuilles** with a rustling of leaves / **le matou rayé** striped tomcat / **couler** to
slide / **jusqu'en bas** to the bottom / **ramper** to creep / **le massif** clump / **léger**
faint / **lécher** to lick / **languissant** listless / **accourir** to hasten (toward someone)

25   m'épouser?

ADIMAH, *hésitante:*   Oui ... Non ...

    Elle le regarde rêveusement. Puis elle jure° d'une manière abominable, le gifle°, fait mine° de sortir, mais s'arrête sur le seuil°.

CAPUCIN: *diplomate:* Comme tu es nerveuse, ma chérie. Je crois que l'air
30   te fera du bien°.

    Adimah rejure° et sort en reine° offensée.

CAPUCIN, *seul:*   Insister eût été maladroit.°

Huitième Jour

CAPUCIN, *près d'Adimah qui dort profondément:*   Adimah! ...

ADIMAH, *ronron° très faible:*   ...
35   CAPUCIN, *à mi-voix°:*   Veux-tu m'épouser?

ADIMAH, *même jeu°:*   ...

CAPUCIN, *vexé:*   Ce n'est pas une existence. Tu t'es absentée pendant trois jours, et depuis ton retour tu dors tout le temps! ... Adimah! ... Viens à la fenêtre! Viens regarder dans le jardin!
40   ADIMAH, *d'une voix à peine° distincte:*   ... rdin ... rdin? ...

CAPUCIN, *littéraire:*   Oui, tu sais bien ... Le ciel ... Une apparition ... Ton rêve ...

ADIMAH, *s'éveillant° à demi:*   Mon quoi? ... Ah! oui, je sais ... Va donc dire à Émilie qu'elle le flanque dehors à coup de balai°.
45   CAPUCIN: Qui?

ADIMAH: Baba, le matou du voisin°. Je l'ai assez vu.

    Elle se rendort°.

---

jurer to swear / **gifler** to slap / **faire mine de** to pretend to / **le seuil** threshold / **faire du bien** to do (someone) good / **rejurer** to swear again / **en reine** like a queen / **Insister eût été maladroit.** To insist would have been tactless. / **le ronron** purring / **à mi-voix** in a low voice / **même jeu** same routine / **à peine** scarcely / **s'éveiller** to awaken / **qu'elle le flanque dehors à coup de balai** that she should throw him out with a broomstick / **le voisin** neighbor / **se rendormir** to go back to sleep

Activités de compréhension

C. Vrai ou Faux? Êtes-vous d'accord ou non avec les déclarations suivantes? Si non, expliquez.

Premier Jour

1. Adimah veut épouser Capucin.
2. Adimah est vexée de la question de Capucin.

Deuxième Jour

  3. Adimah regarde le jardin.
  4. Elle le regarde parce qu'elle aime la nature.
  5. Capucin voit une souris (*mouse*) dans le jardin.

Troisième Jour

  6. Adimah est nerveuse.
  7. Elle est amoureuse aussi.
  8. Elle gifle Capucin.

Huitième Jour

  9. Adimah est très fatiguée.
 10. Elle est fatiguée parce qu'elle a joué avec Capucin.
 11. Capucin comprend pourquoi Adimah est fatiguée.

D. Comprenez-vous le caractère d'Adimah? Décrivez Adimah en employant les adjectifs suivants selon le modèle.

  MODÈLE: coquette
           Elle est coquette. ou
           Elle n'est pas coquette.

  1. fidèle   6. sarcastique
  2. volage (*flighty*) 7. poétique
  3. froide   8. sincère
  4. intellectuelle   9. pure
  5. cruelle

E. À votre avis, est-ce que ce texte montre que Colette connaît bien la psychologie des chats? Expliquez avec des exemples tirés du texte.

Activités de création

F. Préparez cette scène avec un(e) camarade de classe et jouez-la devant la classe.

G. Préparez une scène de coquetterie originale (entre deux animaux?, deux êtres humains?) et jouez-la avec un(e) camarade de classe.

H. Imaginez un des dialogues suivants:

  1. Capucin et Adimah ont une conversation le dixième jour.
  2. Capucin fait la connaissance de Baba, qui lui raconte ce qu'il pense d'Adimah.
  3. Capucin parle avec son psychiatre après le troisième jour.

Dix-neuvième Siècle

Henri de Toulouse-Lautrec, Jane Avril quittant le Moulin-Rouge. *By permission of the Wadsworth Atheneum, Hartford, Connecticut. Bequest of George A. Gay.*

Gustave Courbet, Portrait de Baude-
laire *(1847), Montpellier, Musée Fabre.
By permission of Giraudon/Art Resource,*
N.Y.

Charles Baudelaire

Charles Baudelaire (1821–1867) wrote only two collections of poems, Les Fleurs du mal *(1857) and* Le Spleen de Paris *(1869), yet he is considered one of the greatest French poets and the first truly modern French poet. He also enjoys the reputation of being an outstanding art critic, among the best art critics France has ever produced. In addition, his passion for Edgar Allan Poe—the two shared a fascination for the dark side of life—inspired him to translate Poe's short stories into French masterpieces. He did not achieve widespread literary fame until after his early death at the age of forty-six.*

"L'horreur de la vie et l'extase de la vie," this is how Baudelaire described his bittersweet attitude toward the world. Les Fleurs du mal *depicts the spiritual journey of a tormented soul pulled between the most spiritual yearnings for perfection and the lowest human vices. In this work, street people, lonely widows, blind men, prostitutes, and the mentally and physically deformed become metaphors for Baudelaire's failed ideals. The collection created an immediate sensation. In fact, Baudelaire was brought to trial for immorality shortly after its publication, and six poems had to be deleted before the volume could be sold.*

The two poems that follow are taken from Le Spleen de Paris, *Baudelaire's collection of prose poems. Baudelaire was trying his hand at a new literary genre, the prose poem, which freed him from the formal restrictions of rhythm and rhyme. He claimed that this new form, inspired by the fast pace of modern life, possessed the flexibility to capture the contradictory consciousness of modern man—idealistic yet realistic, harmonious yet discordant.*

Lecture I

Activités de préparation

A. Selon le dictionnaire, un étranger (une étrangère) est une personne «qui ne fait pas partie d'une famille ou d'un groupe». Qui est probablement un étranger?

1. une personne qui regarde la télé avec son père et sa mère
2. un Américain qui étudie en France
3. un jeune Français qui joue avec ses frères et ses sœurs
4. une personne qui arrive dans une ville qu'elle ne connaît pas

B. Quelles sont les choses qui vous rendent heureux(heureuse)? Choisissez vos réponses dans la liste suivante, selon le modèle.

MODÈLE: **L'argent et la gloire me rendent heureux(heureuse).**

la beauté	le pouvoir (*power*)	l'amour (*m*)
la famille	la nature	l'amitié (*f*) (*friendship*)
la gloire	l'argent (*m*)	la foi (*faith*)

L'Étranger

— Qui aimes-tu le mieux, homme énigmatique, dis? ton père, ta mère, ta sœur ou ton frère?

— Je n'ai ni père, ni mère, ni sœur, ni frère.

— Tes amis?

5 — Vous vous servez° là d'une parole° dont le sens° m'est resté jusqu'à ce jour inconnu°.

— Ta patrie°?

— J'ignore sous quelle latitude elle est située.

— La beauté?

10 — Je l'aimerais volontiers°, déesse° et immortelle.

— L'or°?

— Je le hais° comme vous haïssez Dieu.

— Eh! qu'aimes-tu donc, extraordinaire étranger?

— J'aime les nuages° ... les nuages qui passent ... là-bas ... les merveilleux

15 nuages!

---

se servir de to use / **la parole** word / **dont le sens** whose meaning / **jusqu'à ce jour inconnu** unknown to this day / **la patrie** native country / **volontiers** willingly / **la déesse** goddess / **l'or** (*m*) gold / **haïr** to hate / **Dieu** God / **le nuage** cloud

Activités de compréhension

C. Vrai ou Faux? Êtes-vous d'accord ou non avec les déclarations suivantes? Si non, expliquez.

1. L'étranger a une famille nombreuse.
2. Il adore l'argent.
3. Il est patriote.
4. Il pense que la beauté est une déesse immortelle.
5. Il a probablement beaucoup d'amis.
6. Il pense que les nuages sont très ordinaires.

D. Comment trouvez-vous l'étranger? Répondez en employant les adjectifs suivants, selon le modèle.

MODÈLE: vulgaire
> **Il n'est pas vulgaire.**

1. amusant
2. sarcastique
3. énigmatique
4. matérialiste
5. religieux(religieuse)
6. sympathique
7. rêveur (*dreamy*)

E. À votre avis, qu'est-ce que les nuages peuvent représenter dans ce poème? Choisissez parmi les réponses suivantes. Plusieurs réponses sont possibles.

1. la vie de tous les jours
2. le mystère
3. la perfection
4. l'ennui (*boredom*)
5. l'imagination
6. le temps qu'il fait aujourd'hui
7. l'éternité
8. le rêve

Activités de création

F. Remplacez les mots soulignés par des synonymes que vous trouverez dans le poème «L'Étranger», puis jouez les dialogues avec un(e) camarade de classe.

1. — Je ne sais pas <u>la signification</u> de ce mot, Monsieur (Madame, Mademoiselle).
   — Est-ce que vous <u>employez</u> un dictionnaire ou non?

2. — <u>Détestez-vous</u> vos professeurs?
   — Bien sûr que non, imbécile. Ils sont <u>exceptionnels!</u>
3. — Peux-tu me dire sous quelle latitude <u>se trouve</u> Dakar?
   — Non, Monsieur (Madame, Mademoiselle).
   — Est-ce que tu <u>ne connais pas</u> la géographie?
   — Apparemment non, Monsieur (Madame, Mademoiselle).

G. Imaginez des réponses (amusantes? réalistes? bizarres?) aux questions suivantes, puis jouez les dialogues avec un(e) camarade de classe ...

— Qui aimes-tu le mieux, dis? ton père, ta mère ta sœur ou ton frère?

_____

— Aimes-tu tes amis?

_____

— Aimes-tu ta patrie?

_____

— Et la beauté, l'aimes-tu?

_____

— Et l'or?

_____

— Qu'est-ce que tu aimes le mieux?

_____

_____

Lecture II

Activités de préparation

A. Imaginez que vos deux meilleur(e)s ami(e)s vont passer leurs vacances à la Martinique. Quel(s) conseil(s) allez-vous leur donner? Plusieurs réponses sont possibles.

1. Couchez-vous à six heures du soir.
2. Amusez-vous bien.
3. Enivrez-vous (*get drunk*).
4. Réveillez-vous à cinq heures du matin.

B. Quelles actions font les choses suivantes? Répondez en choisissant une réponse de la liste suivante, selon le modèle.

> MODÈLE: une vague
> **Une vague roule.**

gémit (*groans*)
brille (*shines*)
chante
sonne l'heure (*strikes the hour*)
fuit (*flees*)
tombe

1. une horloge (*clock*)
2. le vent
3. la pluie (*rain*)
4. une étoile (*star*)
5. un oiseau
6. le temps (*time*)

Enivrez-vous°

Don't let the time kill you. get passionet about something

Il faut être toujours ivre°. Tout est là: c'est l'unique question. Pour ne pas sentir l'horrible fardeau° du Temps qui brise° vos épaules° et vous penche° vers la terre, il faut vous enivrer sans trêve°.

Mais de quoi? De vin, de poésie ou de vertu, à votre guise°. Mais enivrez-vous.

Et si quelquefois, sur les marches° d'un palais, sur l'herbe° verte d'un fossé°, dans la solitude morne° de votre chambre, vous vous réveillez, l'ivresse° déjà diminuée ou disparue, demandez au vent, à la vague°, à l'étoile, à l'oiseau, à l'horloge°, à tout ce qui fuit°, à tout ce qui gémit°, à tout ce qui roule, à tout ce qui chante, à tout ce qui parle, demandez quelle heure il est; et le vent, la vague, l'étoile, l'oiseau, l'horloge, vous répondront: «Il est l'heure de s'enivrer! Pour n'être pas les esclaves° martyrisés° du Temps, enivrez-vous; enivrez-vous sans cesse! De vin, de poésie ou de vertu, à votre guise.»

---

enivrez-vous get drunk / **ivre** drunk / **le fardeau** burden / **briser** to break / **l'épaule** (*f*) shoulder / **pencher** to bend / **sans trêve** without interruption / **à votre guise** as you wish / **la marche** step / **l'herbe** (*f*) grass / **le fossé** ditch / **morne** dismal / **l'ivresse** (*f*) drunkenness / **la vague** wave / **l'étoile** (*f*) star / **l'horloge** (*f*) clock / **fuir** to flee / **gémir** to groan, sigh / **l'esclave** (*m, f*) slave / **martyrisé** martyred

Activités de compréhension

C. Vrai ou Faux? Le poète est-il d'accord ou non avec les déclarations suivantes? Si non, expliquez.

1. Il faut s'enivrer de vin, de poésie ou d'eau.
2. Si vous vous réveillez, l'ivresse déjà diminuée ou disparue, demandez au professeur quelle heure il est.
3. Le temps est un grand ami.
4. Si vous vous réveillez et si l'ivresse a disparu, soyez content.
5. Seulement les pauvres devraient s'enivrer.

D. Le vin, la poésie, ou la vertu? Dans quelle catégorie (le vin, la poésie, la vertu) mettez-vous les mots suivants?

MODÈLE: la peinture
      C'est la poésie.

      la spiritualité
      C'est la vertu.

1. l'amour   vertu
2. la bière
3. le travail   vertu
4. la littérature
5. la religion   vertu
6. la musique
7. la drogue

E. À votre avis, est-ce que le Temps joue un role positif ou négatif dans ce poème? Donnez au moins deux exemples précis dans le poème pour justifier votre réponse.

F. Pour Baudelaire il faut s'enivrer pour échapper au temps. Êtes-vous d'accord avec lui?

Activités de création

G. Lisez le poème avec un(e) camarade de classe, en alternant les phrases.

MODÈLE: L'Étudiant(e) A: «Il faut être toujours ivre.»
      L'Étudiant(e) B: «Tout est là: c'est l'unique question.»

H. Préparez un des dialogues suivants, puis jouez-le avec un(e) camarade de classe.

1. une personne enivrée de vertu et une personne enivrée de vin
2. deux personnes dont l'ivresse vient de disparaître (*has just disappeared*)
3. une personne seule dans sa chambre et son horloge
4. une personne enivrée de poésie et le Temps
5. un dialogue de votre choix

Alfred de Musset, George Sand Fu-
mant une Longue Pipe *(1833), L'Ins-
titut de France. By permission of Snark/
Art Resource, N.Y.*

George Sand

"I know I am man's equal, and my nature forces me to live accordingly,"
George Sand (1804–76) wrote in her private diary, and it was this philosophy
that governed her life.

Aurore Dupin was born in Paris but spent much of her youth at her
paternal grandmother's estate in Nohant, a village located 135 miles southwest
of Paris. At eighteen she married Baron Casimir Dudevant, an army officer,
and the couple settled down in Nohant, where they had two children and lived
a traditional life. The marriage was less than ideal, however, and Aurore
decided in 1831 to pursue a separate literary career in Paris and live there for
six months a year.

It was in Paris, among her new artist friends, that she fully asserted her
independence and more literally became "man's equal." She assumed the name
of George Sand, began wearing men's trousers, and started smoking cigars and
cigarettes, much to the amazement of most Parisians. Her long string of
romantic, pastoral, and socialist novels , among them Lélia *(1833),* La Mare
au diable *(1846), and* Le Meunier d'Angibault *(1845), made her one of*
the most popular writers in France.

She was a prolific writer—her entire work, including novels, biographical
and critical essays, plays, and correspondence, fills 105 volumes. The secret to
her productivity was her unswerving work ethic: she tried to write between
fifteen and twenty pages each and every day, an activity that usually took
from five to seven hours.

Sand was a strong feminist who preached the social and sexual liberation
of women while decrying society's double standard that had led to the exploi-
tation of her sex. Women should have the right, she maintained, to control
their own finances, obtain a divorce, and remarry. She also believed that only
women understood the true meaning of love, which included sacrifice, and she
proved her commitment to this ideal by personally caring for a number of men
in her life—namely, the writer Alfred de Musset, the composer Frédéric
Chopin, and her longtime personal secretary Alexandre Manceau—during
illnesses that befell them.

The following piece, taken from Impressions et Souvenirs *(1873),*
describes a visit that Sand made to the Fontainebleau forest in 1837 with her

fourteen-year-old son, Maurice. Despite her adventuresome life, Sand tried her best to be a devoted parent, and her son Maurice idolized her.

This selection also demonstrates Sand's genuine attachment to nature. As a child she cherished the freedom of running in the woods in Nohant, and as she grew older her fondness for spending time in the outdoors never waned. She even became an early environmentalist, protesting the destruction of trees in the Fontainebleau forest.

———————— Lecture ————————

Activité de préparation

A. Imaginez que vous allez faire une promenade en forêt. Qu'est-ce que vous aimeriez faire et qu'est-ce que vous n'aimeriez pas faire?

MODÈLE: faire un pique-nique
J'aimerais (je n'aimerais pas) faire un pique-nique.

1. regarder les papillons (*butterflies*)
2. monter à cheval
3. apprécier la solitude
4. monter sur un âne (*donkey*)
5. attraper (*catch*) des insectes
6. grimper (*climb*) dans les arbres
7. sentir les fleurs
8. dormir sous un arbre
9. lire un roman d'amour

——————

Impressions et Souvenirs

Fontainebleau, août 1837—Me voilà encore une fois dans la forêt, seule avec mon fils qui devient un grand garçon ... Nous nous risquons° sur toutes sortes de bêtes, ânes° et chevaux plus ou moins civilisés qui nous portent un peu où ils veulent, de sept heures du matin à cinq ou six
5 heures du soir. Nous ne prenons pas de guides et nous n'avons pas même un plan° dans la poche°. Il nous est indifférent de nous éloigner° beaucoup, puisqu'il est difficile de se perdre dans une forêt semée d'écriteaux°.

se risquer to take risks / **l'âne**(*m*) donkey / **le plan** map / **la poche** pocket / **il nous ... de nous éloigner** it makes no difference to us to wander / **semée d'écriteaux** strewn with signposts

Nous nous arrangeons pour ne rencontrer personne, en suivant les chemins les moins battus°. Ce ne sont pas les moins beaux. Tout est beau ici.
10 D'abord° les futaies° sont toujours belles dans tous les pays du monde,
et, ici, elles sont jetées sur des accidents de terrain° toujours décoratifs et
toujours praticables°. Ce n'est pas un mince agrément° que de pouvoir
grimper° partout, même à cheval, et d'aller chercher les fleurs et les
papillons° là où ils vous tentent°. Ces longues promenades, ces jours
15 entiers au grand air° sont toujours de mon goût°, et cette solitude, ce
silence solennel à quelques heures de Paris sont inappréciables. Nous
vivons d'un pain, d'un poulet froid et de quelques fruits que nous em-
portons° avec les livres, les albums° et les boîtes à insectes°. Quelles
noctuelles° intéressantes, quels frais bombyx° endormis et comme collés
20 sur l'écorce des chênes!° Quelles récoltes° pour Maurice, et quel plaisir
de les étaler° le soir sur la table de travail! Nous ne connaissons personne
dans la ville. Nous avons un petit appartement très commode° dans un
hôtel qui est à la lisière° de la forêt et où personne ne s'occupe de nous,
deux petites chambres à coucher séparées par un petit salon où je travaille
25 la nuit, quand mon enfant ronfle°; ce bon gros sommeil me réjouit° l'oreille
… Je vis dans les arbres, dans les bruyères°, dans les sables°, dans le
mouvement et le repos de la nature, dans l'instinct et dans le sentiment,
dans mon fils surtout qui était malade et qui guérit° à vue d'œil°. Il se
plaît à cette vie là autant que moi et il m'en fait jouir° doublement. Quelle
30 merveille que cette forêt bénie!°

———————————

battu beaten, trod / **d'abord** first / **les futaies** (*f*) woods / **jetées sur des
accidents de terrain** dispersed over undulating terrain / **praticable** accessible /
un mince agrément a slight pleasure / **grimper** to climb / **le papillon**
butterfly / **tenter** to tempt / **au grand air** in the open air / **le goût** taste /
emporter to carry / **l'album** (*m*) loose-leaf book / **la boîte à insectes** insect-
collecting kit / **la noctuelle** noctuid (a night-flying moth) / **le bombyx** bombycid
(a moth of the silkworm family) / **comme collés sur l'écorce des chênes** as if
fastened to the bark of the oaks / **la récolte** harvest / **étaler** to display / **très
commode** very convenient / **la lisière** border / **ronfler** to snore / **réjouir** to
delight / **la bruyère** heather / **le sable** sand / **guérir** to get better / **à vue d'œil**
before my eyes / **il m'en fait jouir** he makes me enjoy it / **Quelle merveille
que cette forêt bénie!** What a marvel this blessed forest is!

Activités de compréhension

B. Vrai ou Faux? Êtes-vous d'accord ou non avec les déclarations suivantes? Si non, expliquez.

1. C'est la première fois que George Sand visite la forêt de Fontaine-bleau.
2. George Sand et Maurice sont restés seulement une heure dans la forêt.
3. Ils ont peur de se perdre.
4. Ils font des promenades avec des amis.
5. Ils grimpent partout.
6. Ils dînent dans un restaurant chic.
7. Ils attrapent (*catch*) des insectes.
8. Ils habitent dans un hôtel au milieu de la fôret. ~~à la lisère : au bord~~
9. George Sand travaille la nuit dans le salon.
10. Maurice travaille la nuit aussi.
11. George Sand s'ennuie dans la forêt.

C. À votre avis, qu'est-ce que George Sand recherche (*seek*) quand elle visite la forêt de Fontainebleau, et qu'est-ce qu'elle ne recherche pas?

MODÈLES: la solitude
    Oui, elle recherche la solitude.
    le confort
    Non, elle ne recherche pas le confort.

1. l'aventure
2. le contact avec les autres
3. le silence
4. l'exercice physique
5. le danger
6. la camaraderie avec son fils
7. la beauté
8. les plaisirs de la ville
9. la liberté

Activités de création

D. Imaginez que George Sand et son fils Maurice vous invitent à les accompagner dans la forêt de Fontainebleau. Accepteriez-vous leur invitation? Pourquoi ou pourquoi pas?

E. Isabelle aime faire des promenades en forêt. Elle adore la nature et elle aime faire des activités en plein air. Daniel, par contre, déteste faire des promenades en forêt. Il trouve la forêt tout à fait ennuyeuse! Préparez une conversation animée entre Daniel et Isabelle.

F. Imaginez qu'un matin George Sand et Maurice se lèvent et voient qu'il pleut. À votre avis, qu'est-ce qu'ils vont faire? Vont-ils rester à l'hôtel? Vont-ils sortir sous la pluie? Décrivez leurs activités pendant cette journée pluvieuse.

*Victor Hugo. By permission of Culver
Pictures.*

Victor Hugo

Victor Hugo (1802–1885) was the dominant literary figure in 19th-century France. A prodigious and innovative writer, this acknowledged leader of the Romantic movement single-handedly transformed the three major literary genres—poetry, theatre, novel—through his personal vision and unsurpassed mastery of literary technique. An avid supporter of freedom for the people, he even served for a brief time as a member of Parliament.

His popularity in France had attained such heights by 1881 that his eightieth birthday was celebrated as a national holiday. As Hugo stood with his two grandchildren, Georges and Jeanne, at his open window on that cold February 26, the people of the city of Paris, whom he had immortalized in novels such as Notre-Dame de Paris *(1831) and* Les Misérables *(1862), filed past, leaving mounds of flowers as a gesture of gratitude[1]. After his death and spectacular funeral in 1885, he was laid to rest alongside the celebrated eighteenth-century writers Jean-Jacques Rousseau and Voltaire (see p. 88) in the Panthéon.*

Hugo had four children, Léopoldine, Charles, François-Victor, and Adèle. The eldest, Léopoldine, a charming and sensible child who was nicknamed "Didine," was her father's favorite. Hugo loved her, certainly, but he also respected her good judgment, and she became a trusted confidante even as a young teenager. It is not surprising, therefore, that he accepted the news of her impending marriage at nineteen to a respectable young man, Charles Vacquerie, with a paternal mixture of happiness and sadness, especially since the couple would live in Le Havre, some two days by coach from Paris.

On September 9, seven months after Didine's marriage, Hugo, returning from an extended vacation and wanting to get caught up on his reading, casually picked up a newspaper and read that his beloved Didine had drowned in a boating accident. Her husband Charles, an excellent swimmer, had tried to save her, but he was unable to do so, and he finally drowned himself. Didine was three months pregnant.

Source: André Maurois, *Olympio ou la vie de Victor Hugo* (Paris: Hachette, 1954).

Totally devastated, Hugo fell into a deep depression that lasted for some months after the tragic event. He wrote a number of poems about Léopoldine, two of which follow. The first recalls his delight at observing her grow up; the second describes one of his visits to her grave.

———— Lecture I ————

Activité de préparation

A. Parlons de l'enfance.   À votre avis, que font les enfants bien élevés (*well-behaved*) et les enfants mal élevés (*badly behaved*)? Répondez selon le modèle.

> MODÈLE: Ils nettoient (*clean*) leur chambre.
> **Les enfants bien élevés nettoient leur chambre.**
> Ils se moquent de (*make fun of*) leurs parents.
> **Les enfants mal élevés se moquent de leurs parents.**

1. Ils dérangent les affaires (*belongings*) de leurs parents.
2. Ils aident leurs parents à faire le ménage (*housework*).
3. Ils tracent des arabesques (*doodle*) sur les papiers importants de leurs parents.
4. Ils interrompent leurs parents pendant qu'ils parlent.
5. Ils font tous leurs devoirs.
6. Ils s'asseyent tranquillement sur les genoux (*lap*) de leur père.
7. Ils se disputent toujours avec leurs frères et sœurs.
8. Ils finissent leur repas.
9. Ils disent merci quand on leur offre des bonbons.
10. Ils consultent leurs parents sur tout.

————
Elle avait pris ce pli°

> Elle avait pris ce pli dans son âge enfantin°
> De venir dans ma chambre un peu chaque matin.
> Je l'attendais ainsi qu'un rayon° qu'on espère;
> Elle entrait, et disait: Bonjour, mon petit père!

prendre ce pli (*fam*) to get into the habit / **dans son âge enfantin** in her earliest years / **ainsi qu'un rayon** like a ray of light

5   Prenait ma plume°, ouvrait mes livres, s'asseyait°
Sur mon lit, dérangeait° mes papiers, et riait,
Puis soudain s'en allait° comme un oiseau qui passe.
Alors, je reprenais°, la tête un peu moins lasse°,
Mon œuvre° interrompue, et, tout en écrivant,
10 Parmi mes manuscrits je rencontrais souvent
Quelque arabesque folle° et qu'elle avait tracée°,
Et mainte° page blanche entre ses mains froissée°,
Où, je ne sais comment, venaient mes plus doux vers°.

Elle aimait Dieu°, les fleurs, les astres°, les prés° verts
15 Et c'était un esprit° avant d'être une femme.
Son regard reflétait la clarté de son âme°.
Elle me consultait sur tout à tous moments.
Oh! que de° soirs d'hiver radieux° et charmants,
Passés à raisonner° langue, histoire et grammaire,
20 Mes quatre enfants groupés sur mes genoux°, leur mère
Tout près°, quelques amis causant° au coin du feu!
J'appelais cette vie être content de peu!

Et dire qu'elle est morte! Hélas! que Dieu m'assiste!
Je n'étais jamais gai quand je la sentais triste;
25 J'étais morne° au milieu du bal le plus joyeux
Si j'avais, en partant, vu quelque ombre° en ses yeux.

———————

la plume pen / **s'asseoir** to sit down / **déranger** to disturb / **s'en aller** *partir* /
reprendre to resume / **las(se)** tired / **l'œuvre** (*f*) work / **une arabesque folle** a
crazy doodle / **tracer** to draw / **mainte** many a / **froissé(e)** crumpled / **un vers** a
line of poetry / **Dieu** God / **l'astre** (*m*) star / **le pré** meadow / **c'était un esprit**
she was a spirit / **l'âme** (*f*) soul / **que de ...** how many ... / **radieux** radiant / **à**
raisonner explaining / **les genoux** (*mpl*) knees, lap / **tout près** nearby / **causer**
to talk, chat / **morne** dejected / **l'ombre** (*f*) shadow

Activités de compréhension

B. Vrai ou Faux?   Êtes-vous d'accord ou non avec les déclarations
suivantes? Si non, expliquez.

1. Léopoldine allait rarement dans la chambre de son père.
2. Son père était content de la voir.
3. Elle ne disait jamais rien dans la chambre de son père.
4. Elle y faisait des choses dangereuses.

5. Ses visites ont inspiré son père à écrire de beaux poèmes.
6. Elle détestait la nature.
7. Elle était curieuse et elle posait beaucoup de questions à son père.
8. Hugo avait beaucoup de tendresse pour sa fille.

C. À votre avis, comment était probablement Léopoldine? Essayez de la décrire en employant les adjectifs suivants, selon le modèle.

MODÈLE: heureuse
Elle était (n'était pas) heureuse.

1. gâtée (*spoiled*)
2. bien élevée
3. froide
4. timide
5. curieuse
6. espiègle (*mischievous*)
7. studieuse
8. affectueuse
9. méchante (*naughty*)
10. charmante
11. gaie
12. morne

D. Citez des passages dans le poème qui montrent que Victor Hugo a beaucoup aimé sa fille.

E. À votre avis, est-ce que la vie de famille représentée dans ce poème ressemble à la vie de famille d'aujourd'hui (*of today*)? Préparez une liste de toutes les ressemblances et toutes les différences que vous remarquez.

Activités de création

F. Preparez une des conversations suivantes, puis jouez-la avec un(e) camarade de classe.

1. Léopoldine se dispute avec sa sœur Adèle, ou avec un de ses frères, qui l'accuse d'être la préférée de son père.
2. Hugo parle avec Léopoldine quand elle entre dans sa chambre un matin.
3. Léopoldine voudrait une nouvelle poupée (*doll*), mais elle coûte très cher. Elle essaie de convaincre son père de la lui acheter. D'abord, il ne veut pas la lui acheter, mais, finalement, il cède (*gives in*).
4. Hugo décrit sa fille à un ami, qui trouve qu'il exagère un peu!

G. Imaginez que la maîtresse (*teacher*) de Léopoldine demande à sa classe d'écrire une petite dissertation (*composition*) sur leur vie de famille. Préparez la dissertation de Léopoldine.

—————————— **Lecture II** ——————————

Activité de préparation

A. Préparez des vacances imaginaires! Complétez les phrases suivantes en choisissant une des réponses entre parenthèses, puis jouez le dialogue.

— Où iras-tu en vacances?
— _____ (*à la montagne, à la campagne, au bord de la mer, en ville*).
— Quand partiras-tu?
— _____ (*dès l'aube* [at daybreak], *à dix heures du matin, à deux heures de l'après-midi, à dix heures du soir*).
— Avec qui iras-tu?
— _____ (*seul(e), avec des amis, avec un(e) ami(e), avec mes parents*).
— Qu'est-ce que tu feras?
— _____ (*beaucoup de promenades, du ski, de la voile* [sailing], *beaucoup de visites*).
— Quelles vacances (*ennuyeuses, formidables*)!
— Tu crois?

————————

Demain, dès l'aube°

Demain, dès l'aube°, à l'heure où blanchit° la campagne,
Je partirai. Vois-tu, je sais que tu m'attends.
J'irai par la forêt, j'irai par la montagne,
Je ne puis demeurer° loin de toi plus longtemps.

dès l'aube at the break of dawn / **blanchir** to whiten / **je ne puis demeurer** I can't stay

₅ Je marcherai les yeux fixés sur mes pensées,
Sans rien voir au dehors°, sans entendre aucun bruit°,
Seul, inconnu°, le dos courbé°, les mains croisées°,
Triste, et le jour pour moi sera comme la nuit.

Je ne regarderai ni l'or° du soir qui tombe,
₁₀ Ni les voiles° au loin descendant vers Harfleur°,
Et quand j'arriverai, je mettrai sur ta tombe
Un bouquet de houx° vert et de bruyère° en fleur.

---

au dehors outside / **sans ... bruit** without hearing the slightest sound / **inconnu** unknown / **le dos courbé** (my) back bent / **croisé(e)** crossed / **l'or** (*m*) gold (refers here to the setting sun) / **la voile** sail / **Harfleur** suburb of Le Havre, a major port in northern France / **le houx** holly / **la bruyère** heather

Activités de compréhension

B. Vrai ou Faux? Êtes-vous d'accord ou non avec les déclarations suivantes? Si non, expliquez.

1. Hugo partira très tôt.
2. Il traversera des forêts.
3. Il a besoin de revoir sa fille.
4. Il partira avec sa femme.
5. Il regardera le beau paysage pendant le voyage.
6. Il sera très triste.
7. Il arrivera à Harfleur le matin.
8. Quand il arrivera, il mettra des roses sur la tombe de Léopoldine.
9. La tombe de Léopoldine est près de la mer.

C. Citez au moins trois passages dans le poème qui montrent que Hugo ne fait pas attention à ce qui l'entoure (*surrounds*). Est-ce que c'est une attitude normale quand on est triste?

D. À votre avis, pourquoi Victor Hugo s'adresse-t-il à sa fille dans la première strophe (vers 1–4) bien qu'elle soit morte?

Activités de création

E. Dans la deuxième strophe (vers 5–8) le poète décrit ses gestes (*gestures*) quand il marche. Essayez d'imiter les gestes de Victor Hugo et jouez-les devant la classe.

F. Imaginez que vous êtes un(e) habitant(e) de Harfleur et que vous voyez Hugo devant la tombe de sa fille. Vous décrivez la scène à un de vos amis et vous parlez tous les deux de la tristesse de Victor Hugo et de la mort tragique de Léopoldine. Préparez un petit dialogue et jouez-le avec un(e) camarade de classe.

G. Est-ce que ce poème vous a touché(e)? Y a-t-il des vers particuliers qui vous ont frappé(e) (*struck*)? Si oui, identifiez-les et expliquez pourquoi ils vous ont touché(e).

Dix-huitième Siècle

J. Dambrun d'après Moreau le Jeune, À
un peuple libre *Allegory*, (1789), en-
graving. By permission of La Biblio-
thèque Nationale.

Jean-Antoine Houdon, Voltaire assis,
*Montpellier, Musée Fabre. By permission
of Giraudon/Art Resource, N.Y.*

Voltaire

The life of François-Marie Arouet (1694–1778), who later took the name of
Voltaire, was characterized by a co–mingling of literary successes—plays,
histories, poetry, essays—and conflicts with both church and state. In the year
1718, for example, when he was only twenty-four years old, he finished serving
an eleven-month prison term in the Bastille for having written satirical verses
against the monarchy, but he also saw his play Œdipe receive such an
enthusiastic reception at the Comédie-Française that he was compared to the
great seventeenth-century classical playwrights Corneille and Racine.

Voltaire's philosophy was dominated by his belief in tolerance and reason.
A product of the "Age of Enlightenment," as the eighteenth-century is often
called, he and other political and social reformers, writers such as Diderot,
d'Alembert, and Montesquieu (see p. 95), believed that it would be possible to
achieve human happiness if intolerance and ignorance could be effectively
combatted.

The main targets of these reformers were the Catholic Church, which they
claimed represented fanaticism and superstition, and the monarchy, which they
saw as inimical to freedom and justice. Voltaire ended many of his letters with
"Ecr. l'inf.," which stood for "Écrasons l'infâme" ("Let's crush the vile thing"),
referring to the Catholic Church. Since the authorities did not take kindly to
his continuous barbs, Voltaire was forced to live much of his life either in
foreign countries (he spent about six years in England and Prussia) or in
France close to the Swiss border, in case he needed to make a quick escape.

The following excerpt comes from the beginning of Candide ou l'optimisme, (1759), Voltaire's best known work, which contains the quintessence
of his irony and wit. This satire was written to refute the philosophy of
Optimism made famous by the German thinker Leibnitz (1646–1716), who
reasoned that since God is good, He must have created the best world possible
when he created this one. This kind of metaphysical reasoning always held
little sway over Voltaire, but he abandoned it altogether after the 1755
earthquake in Lisbon, Portugal, that killed almost 40,000 people. How could
such a calamity take place, he reasoned, in the best of all possible worlds?

To make his case, Voltaire parades an impressive array of evil acts—war,
disease, rape, natural disasters, to name just a few—before the eyes of the

protagonist, Candide, a young man "of great simplicity of mind." Despite this string of loathsome and unfortunate acts, Candide's teacher, Pangloss, representing the philosophy of Optimism, never tires of trying to convince Candide that "all is for the best in the best of all possible worlds." Finally, in the last chapter, Candide tells Pangloss that they must stop all of this useless theorizing. "Il faut cultiver notre jardin," asserts Candide, meaning that although the world is indeed a terrible place, we must do our best to live our lives and, hopefully, make our own small corner of the world a better place in which to live.

Candide was immensely popular. Six thousand copies of the work were sold in the first month alone, and twenty editions appeared in the first year. It continues to be one of the most widely read works in all of French literature.

Voltaire practiced what he preached. During the last nineteen years of his life he settled in Ferney, a French village close to the Swiss border. There he oversaw the establishment of workshops to make silk stockings, lace, and watches; had a church and theater built; wrote an endless series of pamphlets decrying injustices of all sorts; received distinguished visitors from the world over; and saw to it that religious and social tolerance was practiced by all. It was there that Voltaire, who was called "the patriarch of Ferney," truly "cultivated his garden."

This courageous reformer who helped sow the seeds of the French Revolution died in Paris on May 30, 1778, at the age of eighty-four. "I die adoring God, loving my friends, not hating my enemies, detesting superstition," he wrote near the end of his life. His body was transferred to the Panthéon in Paris in 1791.

─────────────── **Lecture** ───────────────

Activité de préparation

A. Voici la description de quelques personnages (*characters*) importants dans *Candide*. Complétez chaque description avec un des mots suivants. Faites tous les changements nécessaires.

> appétissant(e) (*alluring*)
> au mieux (*for the best*)
> l'esprit (*m*) (*mind*)
> la livre (*pound*)
> meilleur(e) (*best*)
> (ne) ... point (*no; not*)
> le précepteur (*tutor*)
> la tapisserie (*tapistry*)

> 1. Le baron a un beau château. Sa grande salle est ornée d'une belle _____ .

2. La baronne est grosse. Elle pèse (*weighs*) plus de trois cents
   _____ .

3. Candide, le personnage principal, a _____ simple. Voilà
   pourquoi on le nommait Candide, qui veut dire «naïf» ou
   «simple».

4. Cunégonde, la fille du baron, a dix-sept ans. Elle est fraîche et
   _____ .

5. Pangloss est _____ du château. Il essaie de prouver que le
   baron est le meilleur des barons possibles et la baronne est la
   _____ des baronnes possibles. Il essaie de prouver aussi qu'il
   n'y a _____ d'effet sans cause et que tout est _____ dans
   le meilleur des mondes possibles.

[It will be useful to review the *passé simple* (pp. 1–4) before reading this
passage.]

Candide

Comment Candide fut élevé dans un beau château,
et comment il fut chassé d'icelui°

Il y avait en Westphalie°, dans le château de Monsieur le baron de
Thunder-ten-tronckh°, un jeune garçon à qui la nature avait donné les
mœurs° les plus douces. Sa physionomie annonçait son âme.° Il avait le
jugement assez droit°, avec l'esprit° le plus simple; c'est, je crois, pour
5 cette raison qu'on le nommait Candide. Les anciens domestiques de la
maison soupçonnaient° qu'il était fils de la sœur de monsieur le baron, et
d'un bon et honnête gentilhomme du voisinage°, que cette demoiselle ne
voulut jamais épouser°, parce qu'il n'avait pu prouver que soixante et
onze quartiers°, et que le reste de son arbre généalogique avait été perdu
10 par l'injure du temps°.

    Monsieur le baron était un des plus puissants° seigneurs° de la West-
phalie, car° son château avait une porte et des fenêtres. Sa grande salle

---

d'icelui (*anc: Old French*) from it (= **de celui-ci**) / **Westphalie** region in western
Germany / **Thunder-ten-tronckh** parody of a German name / **les mœurs**
(*f pl*) manners / **Sa physionomie annonçait son âme.** His outward appearance
revealed his soul. / **droit** sound / **l'esprit** (*m*) mind / **soupçonner** to suspect / **le
voisinage** vicinity / **ne voulut jamais épouser** refused ever to marry / **n'avait
pu ... quartiers** could only prove that he had 71 quarterings (heraldic divisions
of coat of arms, proving noble descent) / **l'injure** (*f*) **du temps** ravages of
time / **puissant** powerful / **le seigneur** lord / **car** for

même était ornée d'une tapisserie ...° Ils l'appelaient tous Monseigneur°, et ils riaient° quand il faisait des contes°.

15   Madame la baronne, qui pesait° environ° trois cent cinquante livres°, s'attirait par là une très grande considération°, et faisait les honneurs de la maison avec une dignité qui la rendait° encore plus respectable. Sa fille Cunégonde, âgée de dix-sept ans, était haute en couleur°, fraîche, grasse, appétissante°. Le fils du baron paraissait en tout digne° de son père. Le
20   précepteur° Pangloss était l'oracle de la maison, et le petit Candide écoutait ses leçons avec toute la bonne foi° de son âge et de son caractère.

Pangloss enseignait la métaphysico-théologo-cosmolo-nigologie°. Il prouvait admirablement qu'il n'y a point d'effet° sans cause, et que, dans ce meilleur des mondes possibles, le château de monseigneur le baron
25   était le plus beau des châteaux, et madame la meilleure des baronnes possibles.

«Il est démontré°, disait-il, que les choses ne peuvent être autrement°, car tout étant fait pour une fin, tout est nécessairement pour la meilleure fin. Remarquez bien que les nez ont été faits pour porter des lunettes;
30   aussi° avons-nous des lunettes. Les jambes sont visiblement instituées pour être chaussées°, et nous avons des chausses°. Les pierres ont été formées pour être taillées° et pour en faire des châteaux; aussi monseigneur a un très beau château; le plus grand baron de la province doit être le mieux logé; et les cochons° étant faits pour être mangés, nous mangeons
35   du porc toute l'année: par conséquent, ceux qui ont avancé que tout est bien, ont dit une sottise°; il fallait dire que tout est au mieux°.» ...

Un jour, Cunégonde ... rencontra Candide en revenant au château, et rougit°: Candide rougit aussi. Elle lui dit bonjour d'une voix entrecoupée°; et Candide lui parla sans savoir ce qu'il disait. Le lendemain°, après
40   le dîner, comme on sortait de table°, Cunégonde et Candide se trouvèrent derrière un paravent°; Cunégonde laissa tomber son mouchoir°, Candide le ramassa°; elle lui prit innocemment la main, le jeune homme baisa°

Sa grande salle ... tapisserie. His (Great) Hall itself was decorated with a tapistry. / **Monseigneur** My Lord / **rire** to laugh / **faire des contes** to tell stories / **peser** to weigh / **environ** around / **la livre** pound / **s'attirait ... considération** drew upon herself as a result high public regard / **rendre** to make / **haute en couleur ... appétissante** rosy cheeked, fresh, plump, and appetizing / **en tout digne** worthy in every way / **le précepteur** tutor / **la bonne foi** good will / **la métaphysico ...** a nonsense word that parodies German philosophy / **il n'y a point d'effet** there is no effect / **démontré** demonstrated / **autrement** otherwise / **aussi** thus / **pour être chaussé** to wear breeches / **les chausses** (f) breeches / **taillé** cut, hewn / **le cochon** pig / **la sottise** nonsense / **au mieux** for the best / **rougir** to blush / **entrecoupé** broken / **le lendemain** the next day / **comme on sortait de table** as they were leaving the table / **le paravent** screen / **le mouchoir** handkerchief / **ramasser** to pick up / **baiser** to kiss

innocemment la main de la jeune demoiselle avec une vivacité, une sen-
sibilité°, une grâce toute particulière; leurs bouches se rencontrèrent, leurs
45 yeux s'enflammèrent°, leurs genoux° tremblèrent, M. le baron de Thunder-ten-tronckh passa auprès du° paravent, et, voyant cette cause et cet
effet, chassa Candide du château à grands coups de pied°; Cunégonde
s'évanouit°; elle fut souffletée° par madame la baronne dès qu'elle fut
revenue à elle-même°; et tout fut consterné° dans le plus beau et le plus
50 agréable des châteaux possibles.

---

la sensibilité sensitivity / **s'enflammer** to become inflamed / **le genou** knee /
auprès de near / **à grands coups de pieds** with vigorous kicks in the backside /
s'évanouir to faint / **souffleté** slapped / **dès qu'elle fut revenue à elle-même**
as soon as she came back to her senses / **tout fut consterné** everything was in
an uproar

Activités de compréhension

B. Vrai ou Faux? Êtes-vous d'accord ou non avec les déclarations suivantes? Si non, expliquez.

1. Candide a l'esprit simple.
2. Sa mère avait épousé son père.
3. Le baron est puissant.
4. Son château a une porte et des fenêtres.
5. Madame la baronne est très mince.
6. Cunégonde est vieille.
7. Pangloss est précepteur.
8. Un jour, Cunégonde laisse tomber son mouchoir.
9. Quand Candide le ramasse, il baise la main de Cunégonde.
10. Le baron et la baronne encouragent les avances de Candide.

C. Avez-vous trouvé cette lecture amusante? Si oui, identifiez deux
passages que vous trouvez particulièrement amusants et comparez vos
réponses avec celles de vos camarades de classe.

D. Dans ce passage Voltaire se moque de (*makes fun of*) la philosophie
de l'Optimisme, qui affirme que «tout est au mieux dans le meilleur
des mondes possibles». Par exemple, il dit que le château du baron
de Thunder-ten-tronckh est «le plus beau et le plus agréable des
châteaux possibles». Trouvez au moins deux autres expressions dans
le texte où Voltaire se moque de la philosophie de l'Optimisme.

Activités de création

E. Imaginez que la baronne de Thunder-ten-tronckh vous invite à dîner au château avec Monsieur le baron, Cunégonde, Candide et Pangloss. Préparez au moins une question que vous voudriez poser à chacun de ces personnages.

F. Imaginez qu'il y a un(e) grand(e) optimiste et un(e) grand(e) pessimiste dans la classe de français. Un jour ils (elles) se rencontrent dans un café et se mettent à parler de la classe de français. L'optimiste pense que c'est la meilleure classe de français de toutes les classes possibles, mais le (la) pessimiste pense que c'est la plus mauvaise classe de français de toutes les classes possibles. Préparez la conversation et jouez-la avec un(e) camarade de classe.

Rue Saint-Antoine, vue de la Bastille.
By permission of Culver Pictures.

Montesquieu

Charles-Louis de Secondat, baron de Montesquieu (1689–1755), was born in the château de La Brède near Bordeaux. Following in the family tradition, he studied law, but he spent little time practicing, preferring instead to study the natural and social sciences. Books and research, in fact, were his overriding passion—he once stated that he never had any sorrow that an hour's reading did not dissipate.

Ironically, this aristocrat was instrumental in creating the spirit of the Enlightenment (le Siècle des Lumières) that would eventually lead to the French Revolution and to the dissolution of the aristocracy as he knew it. His most respected work, L'Esprit des lois (1748), is a definitive study of the nature of government and of law. Montesquieu believed in the power of reason to guide society and to lead eventually to progress in human affairs. His ideas were immensely influential in shaping the principles that would guide first the American and then the French revolutions.

Montesquieu's first book—to this day an extremely popular work—was a social satire entitled Lettres persanes (1721). Published anonymously and written in a clear style, this "succès de scandale" consisted of letters that Usbek and Rica, two imaginary Persian visitors to France, wrote to their friends and relatives back home in Persia (the modern Iran).

Montesquieu used this clever literary device to avoid state censorship as he offered some urbane criticism of contemporary social types, institutions, and conventions. (He also titillated his French readers with some spicy—and totally fictitous—stories about life in the harem.)

In the following letter from Rica to a Persian friend, Montesquieu amusingly describes the fast pace of life in the crowded streets of Paris. In one amusing scene he describes how he is turned around like a top by fast-moving passers-by. Montesquieu also criticizes rather daringly the king for his irresponsible practice of printing money in order to buy supplies for his many wars and for encouraging his subjects to believe that he possessed the divine power to cure their illnesses.

Montesquieu is even more daring in his criticism of the pope and of Christian doctrine, questioning the doctrine of the Trinity which proclaims the *unity of the Father, Son, and Holy Spirit in one godhead, and the doctrine of transubstantiation which holds that the bread and wine of the Eucharists are transformed into the body and blood of Christ.*

———— Lecture ————

Activités de préparation

A. Imaginez que vous allez passer un week-end dans une grande ville. Qu'est-ce que vous voudriez faire et qu'est-ce que vous ne voudriez pas faire? Répondez selon le modèle:

MODÈLE: aller au restaurant
        Je voudrais aller au restaurant.   ou
        Je ne voudrais pas aller au restaurant.

1. dîner en haut d'un gratte-ciel (*skyscraper*)
2. marcher la nuit dans les rues
3. donner des coups de coudes (*elbows*) aux passants (*passers-by*)
4. aller partout en taxi
5. être éclaboussé (*splattered*) par les taxis.
6. me dépêcher (*hurry*)

B. Imaginez que vous faites un rêve, et que dans votre rêve vous êtes le roi du monde. Quelle sorte de roi allez-vous être? Qu'est-ce que vous voudriez faire et qu'est-ce que vous ne voudriez pas faire? Répondez selon le modèle.

MODÈLE: faire la guerre (*to wage war*)
        Je voudrais faire la guerre.   ou
        Je ne voudrais pas faire la guerre.

1. accumuler beaucoup d'or (*gold*)
2. donner de la liberté à mes sujets
3. manger seulement du pain
4. faire la guerre
5. bâtir (*build*) un château magnifique
6. être admiré(e) de tout le monde
7. guérir (*heal*) les maladies de mes sujets

[It will be useful to review the *passé simple* (pp. 1–4) before reading this passage.]

Lettres persanes

Lettre 24: Rica à Ibben

Paris est aussi grand qu'Ispahan°. Les maisons y sont si hautes° qu'on
jugerait qu'elles ne sont habitées que° par des astrologues. Tu juges bien
qu'une ville bâtie° en l'air, qui a six ou sept maisons les unes sur les
autres, est extrêmement peuplée, et que, quand tout le monde est des-
cendu dans la rue, il s'y fait un bel embarras°.

    Tu ne le croirais pas peut-être: depuis un mois que je suis ici, je n'y
ai encore vu marcher° personne. Il n'y a point° de gens au monde qui
tirent mieux parti de leur machine° que les Français: ils courent°; ils
volent°. Les voitures lentes° d'Asie, le pas réglé° de nos chameaux°, les
feraient tomber en syncope°. Pour moi, qui ne suis point fait à ce train°,
et qui vais souvent à pied sans changer d'allure°, j'enrage quelquefois
comme un Chrétien°: car encore passe qu'on m'éclabousse depuis les
pieds jusqu'à la tête°; mais je ne puis pardonner les coups de coude° que
je reçois régulièrement et périodiquement. Un homme qui vient après
moi, et qui me passe, me fait faire un demi–tour°, et un autre, qui me
croise° de l'autre côté°, me remet° soudain où le premier m'avait pris;
et je n'ai pas fait cent pas, que je suis plus brisé° que si j'avais fait dix
lieues° …

    Le roi de France est le plus puissant° prince de l'Europe. Il n'a point
de mines d'or° comme le roi d'Espagne, son voisin; mais il a plus de
richesses que lui, parce qu'il les tire° de la vanité de ses sujets, plus
inépuisable° que les mines …

Ispahan Capital of Persia / **haut** high / **ne … que** only / **bâti** built / **il s'y fait un
bel embarras** it's extremely crowded / **marcher** to walk / **ne … point** not, not
any, not at all / **tirent mieux … machine** who make better use of their bodies /
courir to run / **voler** to fly / **lent** slow / **le pas réglé** the slow pace / **le
chameau** camel / **tomber en syncope** to faint / **fait à ce train** made for this
pace / **l'allure** (*f*) speed / **j'enrage . . . Chrétien**   I become as enraged as a
Christian. Rica (a Moslem) is making fun of the French expression **j'enrage
comme un païen** (like a pagan) / **car … éclabousse depuis les pieds jusqu'à la
tête** for I accept being splattered from head to foot / **je ne puis … coude** I can't
forgive the blows from elbows / **me fait faire un demi-tour** makes me turn
half way around / **croiser** to cross my path / **le côté** side / **remettre** to put
back / **brisé** battered, shattered / **la lieue** league (*a distance of about 2 miles*) /
puissant powerful / **l'or** (*m*) gold / **tirer** to extract / **inépuisable** inexhaustible

D'ailleurs° ce roi est un grand magicien: il exerce son empire° sur
25 l'esprit° même de ses sujets ... S'il a une guerre difficile à soutenir°, et
qu'il n'ait point d'argent, il n'a qu'à leur mettre dans la tête qu'un mor-
ceau° de papier est de l'argent, et ils en sont aussitôt convaincus°. Il va
même jusqu'à leur faire croire° qu'il les guérit° de toutes sortes de maux°
en les touchant, tant est grande° la force et la puissance qu'il a sur les
30 esprits.

Ce que je te dis de ce prince ne doit pas t'étonner: il y a un autre
magicien, plus fort que lui ... Ce magicien s'appelle le pape°. Tantôt° il
fait croire que trois ne sont qu'un, que le pain qu'on mange n'est pas du
pain, ou que le vin qu'on boit n'est pas du vin, et mille autres choses
35 de cette espèce° ...

Je continuerai à t'écrire, et je t'apprendrai des choses bien éloignées°
du caractère et du génie persan°. C'est bien la même terre qui nous porte
tous deux; mais les hommes du pays où je vis°, et ceux du pays où tu es,
sont des hommes bien différents.

---

d'ailleurs besides / **exercer son empire** to exercise his power / **l'esprit** (*m*)
mind / **soutenir** to undertake, wage / **le morceau** piece / **aussitôt convaincu**
immediately convinced / **il va ... croire** he even goes so far as to make them
believe / **guérir** to cure / **le mal** (*pl.* **maux**) sickness / **tant est grande** so great
is / **le pape** pope / **tantôt** sometimes / **l'espèce** (*f*) kind / **éloigné** removed / **le
génie persan** Persian character (spirit) / **vivre** to live

Activités de compréhension

C. Vrai ou Faux?   Indiquez si vous êtes d'accord avec les déclarations
suivantes. Si non, expliquez.

1. Rica trouve que les maisons à Paris sont comme les maisons à
Ispahan.
2. Il pense que les chameaux à Paris courent très vite.
3. Rica trouve qu'il est facile de faire une promenade à Paris.
4. Le roi de France tire ses richesses de ses mines d'or.
5. Rica trouve que le roi est un magicien.
6. Il trouve que le roi est un plus grand magicien que le pape.

D. Dans cette lecture Rica critique certaines situations et certaines personnes. Complétez les phrases suivantes selon le modèle.

MODÈLE: Rica critique la ville de Paris parce que ...
Rica critique la ville de Paris parce qu'elle est trop peuplée.

1. Rica critique les Parisiens parce que …
2. Rica critique le roi de France parce que …
3. Rica critique le pape parce que …

E. Comment trouvez-vous le ton de la satire de Montesquieu dans cette lettre? Plusieurs réponses sont possibles.

MODÈLE: mélancolique
   Il est mélancolique. ou
   Il n'est pas mélancolique.

1. amer (*bitter*)
2. triste
3. sarcastique
4. humoristique
5. tranchant (*sharp*)
6. virulent (très tranchant)

Activités de création

F. Complétez le dialogue suivant avec les mots tirés des listes suivantes. Faites tous les changements nécessaires.

Noms	Verbes
air	courent
coups de coude	étonnent
guerre	marche
ville	reçois

Une interview avec un cow-boy
(*à la radio, à Paris*)

INTERVIEWER: Chers auditeurs, bonjour! Aujourd'hui nous avons avec nous la grande vedette (*star*) du rodéo américain à Paris, Monsieur Pierrot Casse-cou (*Dare-devil Pete*). Bonjour, Monsieur!

COW-BOY: Howdy! Oh, pardon! Bonjour, Monsieur!

INTERVIEWER: Comment trouvez-vous notre _____ , Monsieur?

COW-BOY: Il y a beaucoup de choses qui m' _____ ici.

INTERVIEWER: Par exemple?

COW-BOY: Eh bien, à Paris les gens marchent très vite. Ils _____ ! Chez moi, on marche lentement. Et les Parisiens ne sont pas très sympathiques.

INTERVIEWER: Pourquoi dites-vous cela, Monsieur?

COW-BOY: Parce que je _____ régulièrement des _____ dans la rue! Quand on _____ à Paris, c'est la _____ !

INTERVIEWER:	Ce n'est pas comme ça chez vous?
COW-BOY:	Absolument pas. Autour de mon ranch il y a des prairies et de l' _____ frais, et il y a aussi mon cheval, Blanche Neige, mon seul vrai ami ... (*Il tombe dans la rêverie.*)
INTERVIEWER:	Monsieur? Monsieur?
COW-BOY:	(*silence*)
INTERVIEWER:	Pierrot? Pierrot Casse-cou?
COW-BOY:	(*silence*)
INTERVIEWER:	Eh bien, chers auditeurs, nous sommes arrivés à la fin de notre interview!

Activités de création

G. Rica engage une conversation dans un café avec un Français qui est un espion (*spy*) du roi de France. Cet espion voudrait savoir ce que Rica pense du roi. Préparez une conversation et jouez-la devant la classe.

H. Imaginez que vous êtes un extraterrestre invisible qui visite notre planète. Vous écrivez une lettre à un(e) ami(e) sur votre planète d'origine décrivant ce que vous voyez dans une grande ville américaine.

I. **Faites du théâtre!** Préparez une scène montrant Rica dans les rues de Paris (il reçoit des coups de coude, il est éclaboussé, les gens courent autour de lui, etc.), et jouez cette scène avec un(e) camarade de classe.

Dix-septième Siècle

Hyacinthe Rigaud, Portrait de Louis
XIV, *Paris, Le Louvre. By permission
of Scala/Art Resource, N.Y.*

Gustave Doré, Le Petit Chaperon
rouge et le Loup. *By permission of
Culver Pictures*.

Charles Perrault

Charles Perrault (1628–1703) figured prominently in the literary circles of his period, chiefly through his participation in the then-famous "Quarrel between the Ancients and the Moderns" that took place at the Académie Française *near the end of the seventeenth century. One of the leading champions of the "Moderns," Perrault maintained that contemporary writers represented a more advanced stage of the human intellect and therefore were superior to the writers of classical antiquity.*

Had it not been for the publication of Contes de ma mère l'Oye *(Tales of My Mother Goose) in 1697, when Perrault was 69 years old, the works of this able writer would have been mostly of historical interest. Among the fairy tales in this slender volume were* La Belle au bois dormant *(Sleeping Beauty),* Le Petit Chaperon rouge *(Little Red Riding Hood),* Barbe-bleue *(Blue Beard),* Le Chat botté *(Puss-in-Boots), and* Cendrillon *(Cinderella).*

These tales were mostly distillations of traditional folk tales passed down orally from generation to generation in France. The title itself stresses this origin: the teller of traditional children's tales in French villages and towns was generally the old peasant woman who watched over the village geese.

Perrault's tales, which have set a high standard for the writing of children's literature, display an elegant simplicity of form, characterization, and action. Le Petit Chaperon rouge, *the tale that follows, has captured the imagination of millions of children throughout the ages.*

Activités de préparation

A. Connaissez-vous le conte de fées (*fairy tale*) *Le Petit Chaperon rouge?* Si oui, indiquez les personnages (*characters*) qui *ne sont pas* dans le conte.

1. un prince charmant
2. une grand-mère
3. une grenouille (*frog*)
4. un loup (*wolf*)
5. une princesse
6. une fée (*fairy*)
7. une sorcière (*witch*)

B. Complétez les phrases en employant les mots suivants, puis jouez les dialogues.
bras, dents, jambes, oreilles, yeux

1. — Ma grand-mère, que vous avez de grands ___bras___ !
   — C'est pour mieux t'embrasser, mon enfant.
2. — Ma grand-mère, que vous avez de grandes ___jambes___ !
   — C'est pour mieux courir, mon enfant.
3. — Ma grand-mère, que vous avez de grandes ___oreilles___!
   — C'est pour mieux écouter, mon enfant.
4. — Ma grand-mère, que vous avez de grands ___yeux___ !
   — C'est pour mieux voir, mon enfant.
5. — Ma grand-mère, que vous avez de grandes ___dents___ !
   — C'est pour te manger, mon enfant!

[It will be useful to review the *passé simple* (pp. 1–4) before reading this passage.]

Le Petit Chaperon rouge°

Il était une fois° une petite fille de village, la plus jolie qu'on eût su voir°; sa mère en était folle°, et sa grand-mère plus folle encore. Cette bonne femme lui fit faire° un petit chaperon rouge, qui lui allait° si bien, que partout on l'appelait le petit chaperon rouge.

Le Petit Chaperon rouge Little Red Riding Hood / **il était une fois** once upon a time there was / **qu'on eût su voir** you had ever seen / **en était folle** was crazy about her / **lui fit faire** had made for her / **aller à quelqu'un** to suit someone

⁵ Un jour sa mère ayant cuit° et fait des galettes°, lui dit: «Va voir comme se porte° ta grand-mère, car° on m'a dit qu'elle était malade. Porte-lui une galette et ce petit pot de beurre°.» Le petit chaperon rouge partit aussitôt° pour aller chez sa grand-mère, qui demeurait dans un autre village. En passant dans un bois elle rencontra compère le loup°,

¹⁰ qui eut bien envie de la manger; mais il n'osa°, à cause de quelques bûcherons° qui étaient dans la forêt. Il lui demanda où elle allait; la pauvre enfant qui ne savait pas qu'il est dangereux de s'arrêter à écouter un loup, lui dit: «Je vais voir ma grand-mère, et lui porter une galette avec un petit pot de beurre que ma mère lui envoie. — Demeure°-t-elle bien loin?

¹⁵ lui dit le loup. — Oh! oui, dit le petit chaperon rouge, c'est par delà le moulin° que vous voyez tout là-bas°, là-bas, à la première maison du village. — Eh bien, dit le loup, je veux aller la voir aussi; je m'y en vais par ce chemin-ci°, et toi par ce chemin-là, et nous verrons à qui plus tôt y sera°.»

²⁰ Le loup se mit à° courir de toute sa force par le chemin qui était le plus court°, et la petite fille s'en alla par le chemin le plus long, s'amusant à cueillir des noisettes°, à courir après des papillons°, et à faire des bouquets des petites fleurs qu'elle rencontrait.

Le loup ne fut pas longtemps à arriver à la maison de la grand-mère;

²⁵ il heurte°: Toc, toc. «Qui est là? — C'est votre fille le petit chaperon rouge, dit le loup en contrefaisant° sa voix, qui vous apporte une galette, et un petit pot de beurre que ma mère vous envoie.» La bonne grand-mère qui était dans son lit à cause qu'elle se trouvait un peu mal, lui cria: «Tire la chevillette, la bobinette cherra.°» Le loup tira la chevillette, et

³⁰ la porte s'ouvrit. Il se jeta° sur la bonne femme, et la dévora en moins de rien; car il y avait plus de trois jours qu'il n'avait mangé.° Ensuite il ferma la porte, et alla se coucher dans le lit de la grand-mère, en attendant le petit chaperon rouge, qui quelque temps après vint heurter à la porte. Toc, toc. «Qui est là?» Le petit chaperon rouge, qui entendit la grosse

³⁵ voix du loup, eut peur d'abord, mais croyant que sa grand-mère était enrhumée°, répondit: «C'est votre fille, le petit chaperon rouge, qui vous apporte une galette et un petit pot de beurre que ma mère vous envoie.» Le loup lui cria, en adoucissant° un peu sa voix: «Tire la chevillette, la

cuire to cook / **la galette** flat cake, flat cookies / **se porter** to feel / **car** for / **le beurre** butter / **aussitôt** immediately / **compère le loup** comrade wolf / **oser** to dare / **le bûcheron** woodcutter / **demeurer** to live / **par delà le moulin** beyond the mill / **tout là-bas** way over there / **je m'y en vais par ce chemin-ci** I'll go this way / **à qui plus tôt y sera** who will arrive first / **se mettre à** to begin / **court** short / **cueillir des noisettes** to pick hazelnuts / **le papillon** butterfly / **heurter** to knock / **contrefaire** to disguise / **tire ... cherra** pull the pin, the latch will open / **se jeter** to throw oneself / **car ... mangé.** for he hadn't eaten for more than three days. / **être enrhumé** to have a cold / **adoucir** to soften

bobinette cherra.» Le petit chaperon rouge tira la chevillette, et la porte
40 s'ouvrit.

Le loup la voyant entrer, lui dit en se cachant° dans le lit sous la
couverture°: «Mets la galette et le petit pot de beurre sur la huche°, et
viens te coucher avec moi.» Le petit chaperon rouge se déshabille°, et va
se mettre dans le lit, où elle fut bien étonnée° de voir comment sa grand-
45 mère était faite en son déshabillé°; elle lui dit: «Ma grand-mère, que vous
avez de grands bras! — C'est pour mieux t'embrasser, ma fille. — Ma
grand-mère, que vous avez de grandes jambes! — C'est pour mieux courir,
mon enfant. — Ma grand-mère, que vous avez de grandes oreilles! —
C'est pour mieux écouter, mon enfant. — Ma grand-mère, que vous avez
50 de grands yeux! — C'est pour mieux voir, mon enfant. — Ma grand-
mère, que vous avez de grandes dents! — C'est pour te manger.» Et, en
disant ces mots, ce méchant loup se jeta sur le petit chaperon rouge, et
la mangea.

---

se cacher to hide / **la couverture** blanket / **la huche** breadbin / **se déshabiller**
to get undressed / **étonné** surprised / **était faite en son deshabillé** what her
grandmother was like undressed

Activités de compréhension

C. Vrai ou Faux?   Êtes-vous d'accord ou non avec les déclarations
suivantes? Si non, expliquez.

1. Le petit chaperon rouge rend visite à sa grand-mère pour lui
   apporter du vin.
2. Quand le loup rencontre le petit chaperon rouge dans la forêt,
   il a envie de la manger.
3. Quand le petit chaperon rouge rencontre le loup, elle a immédiatement peur de lui.
4. Le petit chaperon rouge répond aux questions du loup.
5. Elle prend le chemin le plus court et arrive la première chez sa
   grand-mère.
6. Le loup court après les papillons.
7. Quand le loup arrive chez la grand-mère, il fait semblant (*pre-
   tends*) d'être le petit chaperon rouge.
8. La grand-mère dévore le loup.
9. Quand le petit chaperon rouge arrive chez sa grand-mère, le
   loup fait semblant d'être la grand-mère.
10. Le petit chaperon rouge trouve la grosse voix du loup un peu
    bizarre.

11. Le loup demande au petit chaperon rouge de se coucher avec lui, et elle le fait.
12. Le petit chaperon rouge est surprise de voir comment sa grand-mère est faite.
13. Ce conte a une fin triste.

D. À votre avis, est-ce que le petit chaperon rouge a été trop naïve? Si oui, donnez des exemples précis de sa naïveté.

E. À votre avis, est-ce que *Le Petit Chaperon rouge* a une morale? Si oui, quelle est la morale?

Activités de création

F. Transformez ce conte en pièce de théâtre et jouez la scène avec quelques camarades de classe.

G. Ce conte de fées a une fin triste. Écrivez une autre fin, cette fois-ci une fin heureuse.

H. Imaginez que vous êtes un agent de police et que vous interrogez le loup et les bûcherons sur la mort du petit chaperon rouge et de sa grand-mère. Préparez cette scène et jouez-la avec quelques camarades de classe.

I. Imaginez que vous êtes une mère ou un père et que vous lisez *Le Petit Chaperon rouge* à votre petit(e) enfant, qui vous pose beaucoup de questions. Préparez cette scène avec un(e) camarade de classe et jouez-la devant la classe.

Jean Baptiste Oudry, Le Loup et
L'Agneau, Fable X. *By permission of
Giraudon/Art Resource, N.Y.*

Jean de La Fontaine

Jean de La Fontaine (1621–1695) tried his hand at many literary genres—poetry, short stories, comedies, tragedies—but he found his true voice as a writer of fables. His first three books of fables appeared in 1668, when he was forty-seven years old, and they were so successful that three editions appeared in the first year alone.

From all accounts, La Fontaine possessed a gentle nature. His sincere, easy-going, guileless personality encouraged his literary friends to call him "le bonhomme." He had a genuine appreciation for the outdoors and enjoyed observing the habits of animals. The story is told that one day he failed to show up for a dinner party, and when asked what detained him, replied that he had been attending the funeral of an ant, along with the ant's disconsolate family.

Inspired by the fables of ancient Greece (Aesop), Rome (Phaedrus, Horace), and India (Bidpaï), and also by contemporary events, La Fontaine created miniature dramas in which animals, thinly disguising human types, play out the social and moral foibles of mankind. His animals usually have specific social and personal traits. The lion, for example, is proud and dignified, and often represents the king (he is often called "Sa Majesté Lionne").

Virtually all social types and aspects of life during the reign of Louis XIV—members of the lower, middle, and upper classes; love; religion; war; even death—became the objects of La Fontaine's wit and humor. In keeping with the traditional view of fables as a means of imparting instruction, most of the fables contain a moral.

The two fables that follow display the best of La Fontaine's art: a well-defined setting, believable characters, lively dialogue, economy of expression, and an infallible sense of proportion. In the first selection, La Fontaine describes a cruel encounter between a wolf and a lamb that depicts the moral, "Might makes right." In the second, in which a frog tries to become as big as an ox and fails, he illustrates one of his favorite lessons: Don't pretend to be what you are not.

Lecture I

Activités de préparation

A. Vrai ou Faux? Connaissez-vous des fables? Si oui, êtes-vous d'accord ou non avec les déclarations suivantes? Si non, expliquez.

1. Les fables sont très longues.
2. Elles ont toujours une fin triste.
3. Elles montrent des animaux qui parlent.
4. Elles ont généralement une morale.
5. Elles sont accompagnées de musique.
6. Elles racontent une histoire.
7. Il est nécessaire d'aller au théâtre pour les écouter.
8. Les enfants les aiment.
9. Les adultes les aiment aussi.

B. Indiquez les caractéristiques de l'agneau (*lamb*) et du loup (*wolf*), selon le modèle.

MODÈLE   rapide
    C'est le loup qui est rapide.
    innocent
    C'est l'agneau qui est innocent.

1. dangereux
2. peureux (*fearful*)
3. hardi (*daring*)
4. féroce
5. mignon (*darling*)
6. timide

Le Loup° et l'Agneau°

La raison du plus fort° est toujours la meilleure:
    Nous l'allons montrer tout à l'heure°.

    Un Agneau se désaltérait°
    Dans le courant° d'une onde° pure.

le loup wolf / **l'agneau** (*m*) lamb / **du plus fort** = *de la personne la plus forte* / **tout à l'heure** presently / **se désaltérer** to quench one's thirst / **le courant** current / **l'onde** (*f*) stream

5   Un Loup survient° à jeun°, qui cherchait aventure,
        Et que la faim en ces lieux° attirait°.
        «Qui° te rend si hardi° de troubler mon breuvage°?
        Dit cet animal plein de rage:

    Tu seras châtié° de ta témérité°.
10   — Sire, répond l'Agneau, que Votre Majesté°
        Ne se mette pas en colère°;
        Mais plutôt° qu'elle° considère
        Que je me vais désaltérant°
        Dans le courant,
15   Plus de vingt pas° au-dessous° d'elle;
    Et que par conséquent, en aucune façon°,
        Je ne puis° troubler sa boisson°.
    — Tu la troubles! reprit° cette bête cruelle;
    Et je sais que de moi tu médis° l'an passé.
20   — Comment l'aurais-je fait si je n'étais pas né?
        Reprit l'Agneau; je tète° encore ma mère.
         — Si ce n'est toi, c'est donc ton frère.
        — Je n'en ai point.° — C'est donc quelqu'un des tiens°;
        Car vous ne m'épargnez guère,°
25   Vous, vos bergers°, et vos chiens.
        On me l'a dit: il faut que je me venge°.»
        La-dessus°, au fond des forêts°
        Le Loup l'emporte° et puis le mange,
        Sans autre forme de procès°.

---

survenir to happen by / **à jeun** on an empty stomach / **le lieu** place / **attirer** to attract / **qui** = *qu'est-ce qui* (what) / **hardi** brave, daring / **le breuvage** drink / **châtié** chastized / **la témérité** fool-hardiness / **que Votre Majesté ...** may your Majesty ... / **se mettre en colère** to get angry / **plutôt** rather / **elle** = sa Majesté (*le loup*) / **que je me vais désaltérant** that I am quenching my thirst / **un pas** step / **au-dessous** downstream / **en aucune façon** in no way / **je ne puis** I could not be / **boisson** beverage (here: her drinking) / **reprendre** to respond / **médire de** to slander / **téter** to suckle / **je n'en ai point** I don't have any (brothers) / **les tiens** your relatives / **car vous ne m'épargnez guère** for you hardly have mercy on me / **le berger** shepherd / **se venger** to seek revenge / **là-dessus** thereupon / **au fond des forêts** deep in the forest / **emporter** to carry away / **le procès** trial

Activités de compréhension

C. Vrai ou Faux? Êtes-vous d'accord ou non avec les déclarations suivantes? Si non, expliquez.

1. L'agneau prenait un bain dans le courant.
2. Quand le loup arrive, il n'a pas faim.
3. Le loup n'est pas troublé par l'activité de l'agneau.
4. En réalité, l'agneau est coupable (*guilty*).
5. Finalement, le loup dit à l'agneau qu'il va se venger.
6. Heureusement, l'agneau part tout de suite.

D. Étudiez les accusations du loup et les réponses de l'agneau. À votre avis, qui est le plus logique, le loup ou l'agneau? Identifiez les passages logiques dans le texte.

Activités de création

E. Remplacez les tirets avec les mots suivants, puis jouez le dialogue.

Nom: la témérité
Verbes: as châtié, se désaltérait, ai emporté, ai mangé, a médit
Adjectif: hardi

Dialogue entre deux loups

— Ce matin j'ai rencontré un agneau qui _____ dans le courant d'une onde pure.
— Quelle chance!
— C'est le même qui _____ de moi l'année dernière.
— Ah, celui-là! Il était _____ !
— Il a eu _____ de troubler mon breuvage!
— Quelle hardiesse! Est-ce que tu l' _____ immédiatement?
— Bien sûr. Je me suis vengé tout de suite de lui. Je l' _____ dans la forêt et je l' _____ !
— Était-il bon?
— Délicieux!

F. Transformez la fable en pièce de théâtre et jouez-la avec un(e) camarade de classe.

G. Préparez un des dialogues suivants pour illustrer la morale, «La raison du plus fort est toujours la meilleure.»

1. un père ou une mère et son enfant
2. un chat et une souris (*mouse*)
3. un professeur et son étudiant(e)
4. un agent de police et un criminel
5. un loup et un animal plus fort que lui (par exemple, un lion, un éléphant, un tigre)
6. deux personnes ou animaux de votre choix

─────────────── **Lecture II** ───────────────

Activités de préparation

A. Un petit examen (*quiz*) sur les grenouilles (*frogs*)! Vrai ou Faux? Êtes-vous d'accord ou non avec les déclarations suivantes?

1. Les grenouilles ont la peau (*skin*) blanche.
2. Elles ont la peau dure.
3. Elles sautent (*jump*).
4. Elles volent (*fly*).
5. Elles s'enflent (*swell up*).
6. Elles nagent (*swim*).

B. Comparez une grenouille avec un bœuf (*ox*) selon le modèle.

MODÈLES: grand(e)
Une grenouille est moins grande qu'un bœuf.
petit(e)
Une grenouille est plus petite qu'un bœuf.

1. puissant(e) (*powerful*)
2. long(ue)
3. gros(se)
4. lourd(e) (*heavy*)
5. bavard(e) (*talkative*)
6. agréable à toucher
7. utile

La Grenouille qui veut se faire aussi grosse que le Bœuf

Une Grenouille vit° un Bœuf
Qui lui sembla de belle taille°.
Elle qui n'était pas grosse en tout comme un œuf°
Envieuse, s'étend°, et s'enfle°, et se travaille°
5   Pour égaler° l'animal en grosseur°;
      Disant: «Regardez bien, ma sœur,
Est-ce assez? dites-moi; n'y suis-je point encore?°
— Nenni°. — M'y voici donc? — Point° du tout. — M'y voilà?
— Vous n'en approchez point.» La chétive° pécore°
10   S'enfla si bien qu'elle creva°.

Le monde est plein de gens qui ne sont pas plus sages:
Tout° bourgeois veut bâtir° comme les grands seigneurs°,
   Tout petit prince a des ambassadeurs;
   Tout marquis veut avoir des pages°.

---

vit passé simple of *voir* / **la taille** stature, height / **elle qui n'était pas grosse en tout comme un œuf** she who was not even as big as an egg / **s'étendre** to stretch out / **s'enfler** to puff up / **se travailler** to strain / **égaler** to equal / **en grosseur** in size / **n'y suis-je point encore** am I there yet / **nenni (archaic)** not at all / **point = pas** / **chétif (chétive)** puny / **la pécore** creature / **crever** to burst / **tout** every / **bâtir** to build / **le seigneur** lord / **le page** pageboy

Activités de compréhension

C. Vrai ou Faux? Êtes-vous d'accord ou non avec les déclarations suivantes? Si non, expliquez.

    1. La grenouille est envieuse de la taille du bœuf.
    2. Elle était blanche comme un œuf.
    3. Elle s'enfle et s'étend pour être aussi grosse que le bœuf.
    4. Le bœuf lui dit qu'elle est folle
    5. Finalement, c'est le bœuf qui crève.
    6. Selon la morale, la grenouille est comme un page qui veut avoir des marquis.

D. À votre avis, quelle est la morale de cette fable? Plusieurs réponses sont possibles.

1. Soyez satisfait de votre vie.
2. Connaissez-vous vous-même.
3. Essayez de faire l'impossible.
4. Ne soyez pas trop prétentieux.
5. N'ayez pas trop d'ambition.
6. Les petits peuvent facilement devenir très grands.
7. La vanité peut être dangereuse.

Activités de création

E. Remplacez les tirets avec les mots suivants, puis jouez le dialogue.

Nom: grenouille, grosseur
Verbes: a crevé, s'enfler, ai vu
Adjectifs: envieuse, sage

Dialogue entre deux bœufs

— Hi, hi, hi!
— Qu'est-ce qu'il y a? Pourquoi est-ce que tu ris?
— Parce que j' _____ quelque chose de bizarre ce matin.
— Qu'est-ce que c'était?
— Eh bien, j'ai rencontré une _____ .
Elle était _____ de ma taille et elle voulait m'égaler en _____ .
— Hi, hi, hi! t'égaler, toi? Mais tu es aussi gros qu'un hippopotame!
— Elle a essayé de _____ , mais elle ...
— Quoi? Quoi?
— Elle _____ !
— Oh, là, là! Cette grenouille n'était pas _____ .
— Elle était aussi bête qu'un être humain! Hi, hi, hi!

F. Transformez cette fable en pièce de théâtre et jouez-la avec un(e) camarade de classe.

G. Formulez des comparaisons en employant les mots de la liste suivante, selon le modèle.

> un agneau   une fourmi (*ant*)   une pie (*magpie*)   un cochon (*pig*)
> un bœuf   une girafe   un renard (*fox*)   un singe (*monkey*)

MODÈLE: sale
> **sale comme un cochon**

1. agile
2. rusé (*sly*)
3. fort
4. travailleur
5. grand
6. doux (*gentle*)
7. bavard

H. Décrivez le professeur, des camarades de classe, ou des personnes célèbres en employant les comparaisons dans l'activité G, selon le modèle.

MODÈLE: **Le professeur est bavard comme une pie!**

Vocabulaire français-anglais

This vocabulary includes contextual meanings of all the words and expressions used in the book except proper nouns, conjugated verb forms, and exact cognates. The following abbreviations have been used:

anc	ancien
fam	familier
litt	littéraire
Québ	Québécois

abandonner to abandon

abîme *m* abyss, gulf, chasm

aboiement *m* cry

abondant(e) plentiful, abundant

abord: d'~ first

abri *m* shelter
  à l'~ de sheltered by

abriter to shelter

abrutir to daze
  chaleur qui abrutit dazing heat

s'absenter to go out, leave, be absent

accabler to overwhelm, crush

accident *m* accident

~ de terrain undulating terrain, uneven ground

accomplir to accomplish

accord *m* agreement
  d'~ all right, agreed

accourir to hasten (towards someone)

achat *m* purchase

acheter to buy

achever to finish

acquérir to acquire

adieu *m* farewell, goodbye

admirablement admirably

adoucir to soften

adulte *m/f* adult

afin de in order to

agacer to irritate

âgé(e) de ... ans . . . years old

âge *m* age
  ~ enfantin early years, childhood years

s'agiter to become excited

agneau *m* lamb

agréable pleasant, agreeable

agrément *m* pleasure

aide *f* help

aider to help

ailleurs: d'~ besides

aimer to like

ainsi thus, like

air *m* air
  avoir l'~ de to seem

ça a l'~ *fam* it seems

courant d'~ *m* draft

au grand ~ outside

ajouter to add

album *m* loose-leaf book

allégement *m* relief

aller to go

~ à quelqu'un to suit someone

allons let's go, **s'en ~** to leave

allumer to light

allure *f* speed

alors then, so, well then, in that case, at that time

~ que while, when

amaigri(e) thin, emaciated

ambassadeur *m* ambassador

âme *f* soul

amer/amère bitter

ami *m* friend

amonceler to pile

amour *m* love

s'amuser to have fun

an *m* year

ancien/ancienne ancient, old

âne *m* donkey

angoisse *f* anguish, distress

année *f* year

annoncer to reveal, foretell, announce

août August

apathique apathetic

apercevoir to see, notice

apparaître to appear

apparemment apparently

apparition *f* ghost

appartement *m* apartment

appel *m* call

~ des noms roll call

appeler to call

s'appeler to be named, be called

s'appesantir to fall heavily upon

appétissant(e) appetizing

apporter to bring

apprendre to learn

apprivoiser to tame

approcher to approach

approuver to agree with, approve of

après after

après-midi *m/f* afternoon

arabesque *f* doodle

arbre *m* tree

arbuste *m* shrub

argent *m* money

arranger to arrange

arrêter to stop

s'arrêter to come to a stop

arriver to happen, arrive

il arrive que it happens that

arroser to water

arrosoir *m* watering can

Asie *f* Asia

assaillir to attack, assail

s'asseoir to sit, sit down

assez enough

assister à to be present at

astre *m* star

astrologue *m* astrologer

attacher to fasten, attach

s'attacher à to become attached to

atteindre to reach

attendre to wait (for)

s'attendre à to expect

attirer to attract

s'attirer to cause, attract, draw upon oneself

aube *f* dawn, daybreak

aucun(e) no, not any

en ~e façon in no way

au-dessous (de) below, underneath

au-dessus (de) on top of, on

aujourd'hui today

auprès de near

aussi also, thus

aussitôt immediately

autant de as much

autour around

autre other

avancer to advance, move forward

avant before, in front of

avant-dernier/

avant-dernière next-to-the-last

avec with

aventure *f* adventure

aveugle *m/f* blind person

avoir to have

    auriez-vous la bonté would you be so kind

bâiller to yawn

bain-marie *m* double boiler

baiser to kiss

bal *m* dance, ball

balai *m* broom

baron, baronne *m/f* baron, baroness

bas low

    jusqu'en ~ to the bottom

bâtir to build

battu(e) beaten, trod

beau/belle/bel beautiful, handsome

beaucoup much, many

beauté *f* beauty

béni(e) blessed

berger *m* shepherd

besoin *m* need

    avoir ~ de to need

bête *f* animal

beurre *m* butter

bien well, very

    ou ~ or

bien *m* good

    faire du ~ to do good

bientôt soon

à bientôt! see you soon!

blanc/blanche white

blanchir to whiten

blé *m* wheat

bleu(e) blue

bobinette *f* latch

bœuf *m* ox

boire to drink

bois *m* woods

boisson *f* beverage, here: drinking

boîte *f* box

    ~ à insectes insect-collecting kit

bombyx *m* bombycid (a moth of the silkworm family)

bon/bonne good

    pour de ~ for good

    de ~ gré willingly

bonheur *m* happiness

bonjour *m* hello

bonté *f* goodness, kindness

bouche *f* mouth

bourdonnement *m* buzzing

bourgeois(e) middle-class

bouton *m* bud

braise *f* glowing embers

    aux yeux de ~ with glowing eyes

bras *m* arm

breuvage *m* drink

bribe *f* scrap

    par ~s in snatches

bridé slanted

brindille *f* sprig

briser to break, batter, shatter

bruit *m* noise

    ~ de pas footstep

bruyère *f* heather

bûcheron *m* woodcutter

bure *f* homespun, brownish

bureau *m* office

ça that

cabane *f* cabin

cacher to hide

se cacher to hide oneself

cadeau *m* present, gift

café *m* coffee

calcul *m* calculation

calme calm

camp: ficher le camp *fam* to get out

campagne *f* countryside

candide innocent, naïve

car for, as

caractère *m* character, nature

case *f* hut

causer to talk, chat

céder to give in

cela that

celui, celle, ceux, celles this (that) one, these, those

cendre *f* ash

cendrier *m* ashtray

cent *m* hundred

cercle *m* circle

cercueil *m* casket
cesser to stop, cease
  sans cesse continually
chaise *f* chair
chaleur *f* heat
chambre *f* room, bedroom
chameau *m* camel
champ *m* field
chance *f* luck
changer to change
chanson *f* song
chanter to sing
chapeau *m* hat
chaperon *m* hood
  le Petit Chaperon rouge Little Red Riding Hood
chaque each
charmant(e) charming, delightful
chasser to hunt
chasseur *m* hunter
château *m* castle
châtié(e) chastized
chaud(e) hot
être chaussé to be wearing breeches
chausses *f/pl* breeches
chemin *m* way
  ce ~-ci this way
chêne *m* oak tree
chenille *f* caterpillar
chercher to get, fetch, look for
chéri(e) *m/f* dear
chétif/chétive puny
cheval *m* horse
cheveux *m/pl* hair
chevillette *f* pin

chez . . . at the home of . . .
chien *m* dog
choir to fall
choisir to choose
chose *f* thing
chou *m* cabbage
  ~ à la crème cream puff
chrétien/chrétienne christian
ciel *m* sky, heavens
civilisé(e) civilized
clairière *f* clearing
clarté *f* light
classe *f* classroom
clôture *f* fence
cochon *m* pig
cœur *m* heart
coin *m* corner
colère *f* anger
coller to fasten, stick on
coloré(e) colored
combien how many, how much
comme like, as
commencer to begin, start
comment how
  ~ se peut-il how is it possible
commode convenient
communion solenelle *f* first communion
compagne *f* friend, companion
compère *m* comrade
complètement completely

compliqué(e) complicated
comprendre to understand
confiance *f* confidence
confier to commit, deliver
confus(e) confused, embarrassed
connaître to know
conséquent(e) consistent
  par ~ consequently, therefore
considération *f* regard, respect
considérer to consider
consoler to console
consterné(e) dismayed
  tout fut ~ everything was in an uproar
consulter to consult
contempler to gaze, contemplate
conte *m* tale, story
  faire des ~s to tell stories
contenir to contain
content(e) happy, at peace
continuer to continue
contrefaire to disguise
convaincre to convince
coquelicot *m* field poppy

coquet/coquette
flirtatious
corps *m* body
côté *m* side
   à ~ nearby
coucher to put to
   bed
se coucher to go
   to bed
couche *f* bed *litt*
coude *m* elbow
couler to slide
couleur *f* color
   haute en ~
   rosy-cheeked
coup *m* blow, hit
   tout à ~ sud-
   denly
   ~ de pied kick
   ~ de balai
   whack with a
   broom
courant *m* current
   ~ d'air draft
courbé(e) bent
courber to subju-
   gate
courir to run
court(e) short
couverture *f* blan-
   ket
couvrir to cover
craie *f* chalk
craindre to fear
créer to create
crème *f* cream
   chou à la ~
   cream puff
crever to burst
cri *m* cry, shout
crier to shout
croire to believe
croiser to cross,
   cross over
croître to grow
cueillette *f* picking
cueillir to pick

cuiller, cuillère *f*
   spoon
   petite ~ tea-
   spoon
cuire to cook,
   bake
cuve *f* hole

**dangereux/danger-
   euse**
   dangerous
dans in
danser to dance
début *m* begin-
   ning, start
décider to decide
décoiffé(e)
   disheveled
déconcerté(e)
   disconcerted,
   frustrated
**décoratif/
   décorative**
   decorative
découragement *m*
   discouragement
découvrir to dis-
   cover, find
se découvrir to
   feel coming on
déesse *f* goddess
dehors outside
déjà already
déjeuner *m* lunch
   petit ~ breakfast
delà: par delà be-
   yond
délicieusement
   delightfully
délié(e) at ease
demain tomorrow
demander to ask
demeurer to stay,
   live

demi(e) half
   demi-tour *m*
   half turn
demoiselle *f*
   young lady
démontrer to
   demonstrate
dent *f* tooth
dentelle *f* lace
départ *m* leaving,
   departure
en dépit de des-
   pite
depuis since, from
   **depuis ... jus-
   qu'à** from . . .
   to
déranger to
   bother, disturb
dernier/dernière
   last
désaltérer to
   quench one's
   thirst
désarroi *m* confu-
   sion
descendre to de-
   scend, go down
se déshabiller to
   get undressed
dès que as soon
   as, since, from
   . . . on
**dessous: au-des-
   sous** underneath,
   below
dessus on, on top
   là-dessus there-
   upon
   au-dessus on
   top, above
devant before, in
   front of
   prendre les ~s
   to go ahead
devenir to become
deviner to guess

devoir to have to, be supposed to
dévorer to devour
dieu *m* god
difficile difficult
digne worthy
dignité *f* dignity
diminuer to diminish
dîner *m* dinner
diplomate diplomatic
dire to say, tell
directeur *m* principal
dis donc! say!
disparaître to disappear
se dispenser to avoid
disposé(e) willing
doigt *m* finger
domestique *m/f* servant
donc therefore, thus, so
   dis ~! say!
donner to give
   ~ raison to agree with
dont which, of which
doré(e) golden
dos *m* back
   ~ à ~ back to back
doublement for two reasons
doucement softly, gently, sweetly
douceur *f* sweetness
douter to doubt
   sans doute without a doubt
doux/douce sweet, soft, gentle

drap *m* (bed)sheet
droit *m* right
droit(e) sound, right
drôle funny
durer to last

eau *f* water
ébauche *f* outline
écarquiller to open wide
échapper (à) to escape (from)
éclabousser to splatter
éclair *m* gleam
éclaircie *f* clearing
école *f* school
   ~ normale teacher training school
écorce *f* bark
écouter to listen
écrire to write
écriteau *m* sign, signpost
écriture *f* writing
s'écrouler to collapse
écru(e) unbleached
effet *m* effect
effeuiller to take the leaves off
effort *m* effort
   valoir la peine de l'~ to be worth the trouble
également also, as well
égaler to equal
à l'égard de towards
   à mon égard towards me

églantine *f* wild rose
élève *m/f* pupil, student
élever to raise; bring up children
s'élever to arise, rise
éloigné(e) removed, far
éloigner to move away, wander
embarras *m* congestion
   il fait un bel ~ *anc* it's extremely crowded
embrasser to kiss
émerger to emerge
émouvant(e) moving
empêcher to prevent, hinder
empire *m* empire, authority
   exercer son ~ to exercise his power
emporter to carry away
emprunter to borrow
émulation *f* competition
encadrer to encircle, frame
encore still
   quelque temps ~ a little longer (time)
   pas ~ not yet
encre *f* ink
s'endormir to fall asleep
énervant(e) irritating, annoying

enfant *m/f* child
enfantin(e)
childish, childlike
enfermer to close
up, lock up
enfin finally
s'enflammer to
become inflamed,
catch fire
s'enfler to rise,
swell, puff up
énigmatique
enigmatic
s'enivrer to get
drunk, be en-
thralled, get in-
toxicated
s'ennuyer to be
bored
énorme enormous
enrager: être
enragé to be
furious, be in a
rage
enrhumé(e): être
enrhumé to
have a cold
enseigner to teach
ensemble together
enserrer to hug,
hold tight
ensoleillé(e)
sunny
ensuite then, next
entasser to pile
entendre to hear
enterrement *m*
burial
enterrer to bury
entier/entière-
whole, entire
entre between
le plus grand d' ~
eux the largest
of them
entrecoupé(e)
broken
entrer to enter

s'entre-regarder
to look at one an-
other
envie *f* desire
envieux/envi-
euse envious
environ around
envoyer to send
épargner to spare,
have mercy
épaule *f* shoulder
épine *f* thorn
épinette *f* spruce
Can **maigres épi-**
nettes thin
small trees
épouser to marry
éprouver to feel
esclave *m/f* slave
Espagne *f* Spain
espèce *f* kind
espérer to hope
esprit *m* spirit,
mind
essentiel/essentiel-
le essential
essuyer to wipe
établir to estab-
lish, set up
étaler to display
s'éteindre to fade
away, die
s'étendre to
stretch out
étoile *f* star
étonner to sur-
prise, amaze
étranger, étrangère
m/f stranger
être to be
étude *f* study
eux-mêmes them-
selves
s'évanouir to faint
s'éveiller to
awaken
excédé(e)
aggravated

exemple *m* exam-
ple
exercer to exercise
~ son empire to
exercise his
power
exquisément
exquisitely, de-
lightfully
extrait *m* excerpt
extraordinaire
extraordinary
extrêmement
extremely
extrémité *f* end

fabriquer to make
façon *f* way
de toute ~
anyway
en aucune ~ in
no way
faible weak
faim *f* hunger
avoir ~ to be
hungry
faire to do, make
~ semblant de
to pretend
~ mine de to
pretend to
tout fait ready-
made
~ des ronds to
make smoke rings
il fait it is
il faisait it was
fait à ce train
made for this
speed
falaise *f* cliff
falloir to be neces-
sary
il lui faut/il lui
avait fallu he
has to/he had to
fardeau *m* burden

faut: il faut que it is necessary that

faute *f* mistake, error

femme *f* woman, wife

fenêtre *f* window

fermer to close

feu *m* fire

feuille *f* leaf

février *m* February

ficher le camp *fam* to get out

fier/fière proud

fille *f* girl, daughter

fils *m* son

fin(e) fine, slender

fin *f* end

finir to finish, stop
fini finished

fis-je I said (passé simple of **faire**)

fixer to fix, set, arrange

flamber to burn, blaze

flanquer to throw out

flaque *f* puddle, pool

fleur *f* flower

fleurir to flower

foi *f* faith
bonne ~ good will

fois *f* time
il était une ~ once upon a time there was

fond *m* back, bottom
au ~ de inside of, at the far end of

force *f* strength

forcé(e) forced

forêt *f* forest

forge *f* blacksmith's shop

forme *f* form, shape
~ de procès trial, legal process

former to form

fort(e) strong

fossé *m* ditch

fou/folle crazy

fouet *m* whip

fouir to dig

frais/fraîche fresh

français/ française French

Français, Française *m/f* French person

France *f* France

frère *m* brother

frippé(e) rumpled

froid(e) cold

froissé(e) crumpled

front *m* forehead

fuir to flee

fumée *f* smoke

fusil *m* gun

futaie *f* wood, cluster of trees

gagner to win, gain, to be caught up by something

gai(e) cheerful, merry

galette *f* flat cake, flat cookies

garçon *m* boy

garder to keep

gâteau *m* cake

gémir to groan, sigh

généalogique genealogical

gêner to disturb, interfere with
être gêné to be disturbed

génie *m* spirit, character

genou *m* knee

gent *f* race, tribe

gentil(le) nice, gentle

gentilhomme *m* gentleman

germer to germinate

gifler to slap

globe *m* globe (here, a protective glass globe)

goût *m* taste (here, desire)
avoir le ~ de to feel like

gosse *m/f* (*fam*) kid

grâce *f* charm, grace

graine *f* seed

grammaire *f* grammar

grand(e) large, great
~ ouvert wide open
au ~ air outside

grand-mère *f* grandmother

gras/grasse plump

grave serious

gré *m* liking
de bon ~ willingly

grêle thin

grenouille *f* frog

griffe *f* claw

grimper to climb

gros/grosse big, fat

grosseur *f* size

grouper to group

guère: ne . . . guère hardly

guérir to cure, get better

guerre *f* war

guider to guide

guise: à votre ~ as you wish

s'habiller to get dressed

habiter to live

habitude *f* habit **d'~** usually

habituel/habituelle usual, customary

haïr to hate

halluciné(e) oblivious

hanter to haunt

hardi(e) brave, daring

haut(e) high **~ en couleur** rosy-cheeked

hauteur *f* level

Hé! hey!

hélas alas

herbe *f* grass

hésitant(e) hesitant

heure *f* hour, time **à cette ~** right now **tout à l'~** a moment ago **à trois ~s** at three o'clock

heureux/heureuse happy

heurter to knock

histoire *f* story, history

hiver *m* winter

homme *m* man

honnête honest

honneur *m* honor

honte *f* shame **avoir ~** to be ashamed

horloge *f* clock

horreur *f* horror

hors de outside of, out of

hôtel *m* hotel

houx *m* holly

huche *f* breadbin

humilier to humiliate

d'icelui from it *(anc)* = **de celui-ci**

ici here

icitte *Québ* = *ici*

idée *f* idea

ignorer to not know, be unaware

il: il y a there is, there are

image *f* picture, image

immortel/immortelle immortal

importer to matter **n'importe quand** no matter when, any time at all

impression *f* feeling, impression

impuissance *f* helplessness

inappréciable invaluable

inconnu(e) unknown

indifférent(e) of no importance **il nous est ~** it makes no difference to us

inépuisable inexhaustible

infliger to inflict **~ des remords** to make someone feel bad

s'ingénier to try one's best

inimaginable unimaginable

injure *f* wrong **l'~ du temps** the ravages of time

innocemment innocently

s'inquiéter to worry

insecte *m* insect

installation *f* appearance

installer to set up

s'installer to set in

instituer to institute, appoint

intention *f* intention **à son ~** especially for him/her

intéressant(e) interesting

intérêt *m* interest

interrompre to interrupt

intervalle *m* distance, space

intouchable untouchable

intriguer to intrigue, puzzle

inutile useless

inventer to invent

invraisemblable
unbelievable
isolé(e) isolated,
remote
issu du sol
springing from
the ground
ivoire *m* ivory
ivre intoxicated,
drunk
ivresse *f* intoxica-
tion, drunkenness

jamais ever
jambe *f* leg
jardin *m* garden
jeter to disperse,
fling, throw away
se jeter to throw
oneself
jeu *m* game
même ~ same
routine
jeudi *m* Thursday
jeun: à jeun on an
empty stomach
jeune young
joie *f* joy
joint(e) joined
joli(e) pretty
joue *f* cheek
jouer to play
jouir to enjoy
jour *m* day
journée *f* day
joyeux/joyeuse
joyous
jugement *m*
judgement
juger to decide,
judge
juin June
jurer to swear
jusqu'à until, to

aller ~ to go so
far as to
justement exactly

là there
--bas there,
yonder
ça et ~ here and
there
--dessus
thereupon
laisser to leave, to
let; to allow
lait *m* milk
langage *m* language
langue *f* language
languissant(e)
listless
las/lasse tired
latitude *f* latitude
le, la, l', les the;
him, her, it, them
lécher to lick
leçon *f* lesson,
class
lecture *f* reading
léger, légère
faint, light
lendemain *m* the
next day
lent(e) slow
**lequel, laquelle,
lesquels, les-
quelles** which?,
which one(s)?
lettre *f* letter
leur *(pron)* to them
leur/leurs
(adj) their
lever *m* rise
le ~ du soleil
sunrise
libérer to free, lib-
erate
libre free; vacant

lien *m* tie, connec-
tion
lierre *m* ivy
lieu *m* place
lieue *f* league (a
distance of about
2 miles)
linge *m* linen, the
washing
lire to read
liseur, liseuse *m/f*
reader
lisière *f* border
littéraire literary
littéralement
literally
lit *m* bed
livre *f* pound
loger to live; to
accommodate
loin far; far away
au ~ in the dis-
tance
~ de là far from
it
lointain(e) distant
long/longue long
longtemps a long
time
longuement for a
long time
loup *m* wolf
lui he, him; (to)
him, (to) her
--même himself
lunettes *f pl* eye-
glasses

machine *f* ma-
chine; body
madame *f* lady
**magicien, magi-
cienne** *m/f* ma-
gician, wizard
maigre thin

main *f* hand
mainte many a
maintenant now
maison *f* house
mais but
maître, maîtresse
  m/f master;
  teacher
  adj. main, major
majesté *f* majesty
mal *m* (*pl* **maux**)
  sickness; ache
mal (*adv*) poorly,
  badly
malade sick
maladroit(e)
  tactless
malentendu *m*
  misunderstanding
malgré in spite of,
  despite
malheureux/mal-
  heureuse un-
  fortunate
maman *f* (*fam.*)
  mommy, mum
mamzelle *f* (*fam*)
  mademoiselle
manger to eat
manière *f* way,
  manner
manquer to lack;
  to be absent
manteau *m* coat
manuel/manuelle
  manual
manuscrit *m*
  manuscript
marchand, mar-
  chande *m/f*
  merchant
marche *f* step
marcher to walk
marmite *f*
  (cooking) pot
marquis, marquise

m/f marquis,
  marchioness
mars *m* March
martyre *m* martyr-
  dom
martyrisé(e) mar-
  tyred
masse *f* mass
massif *m* clump
matelas *m* mat-
  tress
matin *m* morning
matou *m* tomcat,
  tom
me me; (to) me
méchant(e) nasty,
  mean
médire de to slan-
  der
meilleur(e) better
même same; itself
  tout de ~
  nevertheless
  à ~ le plancher
  right on the floor
  quand ~ even so
  ~ jeu same rou-
  tine
mémoire *f* mem-
  ory
  il m'en revient à
  la ~ it came
  back to me
mensonge *m* lie
mère *f* mother
merveille *f* mar-
  vel, wonder
merveilleux/mer-
  veilleuse mar-
  vellous, wonder-
  ful
métaphysico a
  nonsense word
  that parodies
  German philoso-
  phy (root: meta-
  physical)
métis/métisse

mixed
  le sang ~
  mixed blood
mettre to put, to
  set
  je venais de ~ les
  pieds I had just
  set foot
  mettons let's
  pretend
se mettre à to
  begin
  ~ en colère to
  get angry
mieux better
  au ~ for the best
mijoter to simmer
  ~ au bain-marie
  to simmer in a
  double-boiler
milieu *m* middle
  en plein ~ in
  the very midst
mille one thou-
  sand
mince thin; slight
mine *f* appearance
  faire ~ de to
  pretend to
minute *f* minute
miraculeux/mira-
  culeuse
  miraculous, won-
  derful
mirer to mirror, to
  reflect
misère *f* poverty,
  destitution
mi-voix in a low
  voice
modeste modest
mœurs *f pl* mores;
  manners
moi me; I, me
  --même myself
moins less
  du ~ at least
mois *m* month

moment *m* moment

mon/ma/mes my

monde *m* world

monotone monotonous

Monseigneur *m* my Lord

Monsieur *m* Mr., Sir, man

montagne *f* mountain

montrer to show

morceau *m* piece

morne dejected, sad, dismal

mort *f* death

mort(e) dead

mot *m* word

mouche *f* fly

mouchoir *m* handkerchief

mouette *f* seagull

moulin *m* mill

mourir to die

mouvement *m* movement, motion

muet/muette mute, silent

mur *m* wall

musique *f* music

mystérieux/mystérieuse mysterious, secretive

naïf/naïve naïve

nappe *f* cluster

natte *f* braid

nature *f* nature

ne (n') not

~ . . . guère- hardly

~ . . . jamais- never

~ . . . que only

~ . . . point not, not any, not at all

né(e) born

nécessairement necessarily

nécessité *f* necessity

Nègre *m* Negro

neige *f* snow

nenni *(anc)* not at all

nerveux/nerveuse nervous

nez *m* nose

ni nor, or

noble noble

noctuelle *f* noctuid (a nightflying moth)

noir(e) black

noisette *f* hazelnut

nom *m* name

nommer to name

non no

normal(e): École ~e teacher training school

notre/nos our

nouveau/nouvelle/ nouvel new

de ~ again

noyé(e) drowned

nuage *m* cloud

nuit *f* night

objecter to object

obliger to require, to oblige

observer to observe, to watch

occuper to occupy, to take up

s'occuper de to deal with; to take care/charge of

odeur *f* smell, odor

œil *m (pl yeux)* eye

à vue d'~ before my eyes

du coin de l'~ from the corner of my eye

œuf *m* egg

œuvre *f* work

offenser to offend, to hurt

oiseau *m* bird

~~lyre *m* lyrebird (bird whose tail spreads during courtship, like that of a peacock)

ombrageux/ombrageuse difficult to deal with

ombre *f* shadow

ombrelle *f* umbrella, parasol

onde *f (litt)* the waters (of a stream)

or *m* gold

oracle *m* oracle

ordinaire ordinary, normal

oreille *f* ear

orgueilleux/orgueilleuse proud

orné(e) adorned, decorated

oser to dare

oublier to forget

oui yes

ouvert(e) open

grande ~e open wide
ouvrir to open
s'ouvrir to open
ô oh
ou or
où where

page *m* pageboy
pain *m* bread
palais *m* palace
pape *m* pope
papier *m* paper
papillon *m* butterfly
par by, through
  ~ bribes in snatches
par-dessus across
paraître to appear; to seem
paravent *m* screen
parce que because
pardonner to forgive, pardon
pareil/pareille such
parents *m pl* parents; relatives
parfait(e) perfect
parfum *m* perfume, scent
parler to speak
parmi among
parole *f* word
  prit de lui-même la ~ took it upon himself to speak
partant hence, therefore, consequently
parti *m:* **tirer mieux ~** to make better use

particulier/particulière
  particular, specific
partie *f* part
partir to leave
  à ~ de ce moment from this moment on
partout everywhere
parure *f* adornment
passant, passante *m/f* passer-by
pas *m* step
  un bruit de ~ footstep
  le ~ réglé slow pace
pas no, not
passer to pass
  l'air ne passait à peine plus the air was hardly moving
patrie *f* native country
pauvre poor
pays *m* country
paysage *m* landscape
pécore *f* creature
peine *f* effort, trouble
  valoir la ~ de l'effort to be worth the trouble
  pour que c'en vaille la ~ to make it worth the trouble
  l'air ne passait à ~ plus the air was hardly moving
  à ~ hardly, scarcely

pelle *f* shovel
pencher to bend
pendant for; during
pensée *f* thought
penser to think
perdre to lose
père *m* father
périodiquement periodically
persan/persane Persian
personne *f* person
  ne . . . ~ no one, nobody, not anyone
pesant(e) heavy
peser to weigh
pétale *m* petal
petit(e) small, little
  la ~e cuiller teaspoon
peu a little, few
peupler to populate, to inhabit
peut-être perhaps, maybe
physionomie *f* outward appearance, physiognomy
pie *f* magpie
pièce *f* play
pied *m* foot
  je venais de mettre les ~s I had just set foot
  coup de ~ kick
pierre *f* stone
pire worse
piste *f* trail
  suivre une ~ to follow a trail
pitre *m* clown; fool

faire le ~   to act like a clown
placer   to place, put
plage *f*   beach
se plaindre   to complain
plaisant(e)   agreeable
plaisir *m*   pleasure
plan *m*   map
planche *f*   plank
  sur les ~s   laid out (the body is on display)
plancher *m*   floor
  à même le ~   right on the floor
planète *f*   planet
plante *f*   plant
plein(e)   full
  en ~ milieu   in the very midst
pleurer   to cry
  ~ de chagrin   to cry for shame
pli *m*   habit
  prendre ce ~   to get into the habit
pliant *m*   collapsible chair
pluie *f*   rain
plume *f*   pen
plupart *f*   majority
plus   more
  de ~ grand   to a greater degree
  l'air ne passait à peine ~   the air was hardly moving
  en ~ de   in addition to
  ne . . . ~   no longer
  ~ . . . ~   the more . . . the more

~ tôt   first, earlier
plutôt   rather
poche *f*   pocket
poêle *m*   stove
poésie *f*   poetry
point: ne . . . ~   not at all; not any more
poli(e)   polite
pommier *m*   apple tree
porc *m*   pig, hog
porter   to wear; to carry
se porter   to feel
porte-plume *m*   pen holder
poser   to put down, to lay down
  ~ une question   to ask a question
posséder   to possess, to own
pot *m*   jar
poule *f*   hen
poulet *m*   chicken
pour   for, in order to
  ~ de bon   for good
pourquoi   why
pourtant   yet, nevertheless, all the same, even so, however
pouvoir   to be able, to be allowed
  comment se peut-il   how is it possible
praticable   accessible
pré *m*   meadow

précepteur, préceptrice *m/f*   tutor
précision *f*   precision
premier/première   first
prendre   to take; to eat, to drink
  ~ le pli   to get into the habit
préparer   to prepare
présences: le registre de ~   attendance book
présent   present
  à ~   presently, now
présenter   to introduce
presque   almost
pressant(e)   pressing, urgent
près   near
  très ~   closely
  tout ~   nearby
prêter   to lend
prirent (*3rd p.pl. passé simple* **of prendre): quelques-uns ~ aussitôt les devants**   some went immediately ahead
prix *m*   price
probablement   probably
procès *m*   trial
proche   near
professeur *m/f*   teacher
profondément   deeply, profoundly
promenade *f*   walk, stroll

se promener to take a walk; ride
proposer to suggest, to propose
propre clean
prouver to prove
prunelle *f* pupil (of the eye)
puis then
puisque since
puissance *f* power, strength
puissant(e) powerful
pupitre *m* desk
pur(e) pure
pureté *f* purity

quand when
  ~ même even so
  n'importe ~ any time at all
quant: ~ à as for
quartier *m* quartering (heraldic division of arms, proving noble descent)
quatre: à ~ ou cinq in groups of four or five
que what
  ne . . . ~ only
  ~ de how many
quel/quelle which
quelque some
quelquefois sometimes
quelqu'un, quelqu'une someone
qu'est-ce que, qu'est-ce qui what
qui who

c'était à ~ it was a question of who
quoi what

raconter to tell
radieux/radieuse radiant
raison *f* reasoning, reason
  donner ~ to admit someone is right; to agree
raisonner to explain
ramasser to pick up, to gather
ramper to creep
rang *m* ring, row
rangé(e) clustered
rappeler to recall
ratier *m* ratcatcher
ravissant(e) ravishing
rayé(e) striped
rayon *m* ray
  sous les ~ under the sunlight
rayonnement *m* radiance
recevoir to receive, to get
réclamer to claim
récolte *f* harvest
recouvrer to recover, to regain
redevenir to become again; to go back to
refléter to reflect, to mirror
réflexion *f* thought, reflection

regarder to watch, to look at
  s'entre-- to look at one another
registre *m*: **~ de présences** attendance book
réglé(e) well-ordered, regular
  le pas ~ slow pace
regretter to miss, to regret
régulièrement regularly, consistently
reine *f* queen
  en ~ like a queen
rejoindre to come back; to meet (again)
réjouir to delight
rejurer to swear again
se relayer to take turns
remarquer to notice
remettre to put back
remords *m* remorse
  pour lui infliger quand même des ~ to make him feel bad even so
remous *m* swirl, rustling
remplacement *m*: **en ~** as a substitute
renard *m* fox
rencontrer to meet

rendormir to go
back to sleep
rendre to give
back; to make
rentrer to go
(come) back; to
go (come) home
reparaître to reap-
pear
répéter to repeat;
to practice
répondre to answer
reposer to put
back down
repousser to chase
away
reprendre to re-
sume; to continue
reproche *m*
blame, reproach
reprocher to re-
proach
ressembler to re-
semble
rester to stay; to
remain
retenue *f* deten-
tion
en ~ kept after
school
retour *m* return
de ~ on the way
back
se retourner to
turn around
retranché(e) cut
off
réussir to succeed;
to pass
rêve *m* dream
se réveiller to
wake up
revenir to come
back
**il m'en revient à
la mémoire** it
came back to me

se revêtir to dress
oneself in
rêveur/rêveuse
dreamy
revoir to see again
rhume *m* cold
riche rich,
wealthy
richesse *f* wealth
rideau *m* curtain
ridicule ridicu-
lous, absurd
rien nothing
un ~ de temps
very little time
rire to laugh
se risquer to take
risks
robe *f* dress
roc *m* rock
roi *m* king
rôle *m* role, part
à tour de ~ each
in turn
roman *m* novel
rond *m* circle, ring
faire des ~s to
make (smoke)
rings
ronfler to snore
ronron *m* purring
rose pink
rôtir to roast
rouge red
rougir to blush
rouler to wheel
along
route *f* road
rue *f* street

sable *m* sand
sablé(e) covered
with sand
sage well-behaved
salle *f* room; hall

salon *m* lounge
sang *m* blood
le ~ métis
mixed blood
sans without
~ doute proba-
bly
sauf except
sauvage wild, sav-
age
sauver to save
savoir to know; to
understand
que sais-je?
who knows?
d'on ne sait où
from God knows
where
scolaire *(adj)*
school, academic
sec/sèche dry
Seigneur *m* Lord
seigneur *m* lord
seigneurial(e) of
the master
semaine *f* week
semblable similar
tout ~ à just like
semblant *m*
semblance
faire ~ de to
pretend
semé(e) strewn
sens *m* sense,
meaning
sensibilité *f* sensitivity
sentiment *m* feel-
ing
(se) sentir to feel
se séparer to sepa-
rate (from each
other)
sérieux/sérieuse
serious
serré(e) close;
tight

bien ~ very tight

serviette *f* napkin, towel

se servir de to use

seuil *m* threshold

seul(e) alone

    à elle ~e she alone

seulement only

sévère strict

si if

siffler to whistle

signe *m* gesture

signifier to mean, to signify

sinon except, other than

situé(e) situated

sœur *f* sister

soigner to care for

soin *m* care

soir *m* evening

sol *m* ground

soleil *m* sun

    le lever du ~ sunrise

solennel/solennelle solemn

    communion ~le first communion

sombre dark

sommeil *m* sleep

son/sa/ses his, her, its

sorte *f* sort

sortir to go out, to leave

sot/sotte foolish

sottise *f* nonsense

souci *m* care

    les ~s worries

se soucier de to take the trouble

soudain(e) sudden, unexpected

souffleté(e) slapped

souffrir to suffer

souhaiter to desire

soupçonner to suspect

soupirer to sigh

source *f* spring

sourire *m* smile

sous under

soutenir to undertake, wage

se souvenir de to recall; remember

souvent often

stupéfait(e) stunned, astounded

subir to undergo

sucre *m* sugar

sueur *f* sweat, perspiration

suivant(e) following; next

suivre to follow

    ~ une piste to follow a trail

sujet *m* subject

supplier to beg

supporter to put up with

sur on, upon

sûr(e) sure, certain

surprendre to surprise, to catch in the act

surpris(e) surprised

surtout above all, especially

surveiller to watch, to keep an eye on

survenir to happen by

susciter to arouse

syncope *f* fainting

tomber en ~ to faint

tâche *f* task; spot

tâcher to try

taille *f* stature, height

taillé(e) cut, hewn

tailler to cut out

se taire to be quiet, to become silent

tant so much

    ~ est grande so great is

tantôt sometimes

tapisserie *f* tapistry

taquiner to tease

tard late

tasse *f* cup

teint *m* complexion

teinte *f* color, hue

tel/telle like

    ~ que such that

tellement so; so much

témérité *f* foolhardiness

temps *m* time

    un rien de ~ very little time

    quelque ~ encore longer

tendre to tighten

tenir to hold; to keep

    ne faisaient que me ~ enfermée dans leur cercle did nothing but keep me closed within their circle

tenter to tempt

terminer to bring to an end, to terminate

terre *f* earth

terrier *m* burrow

terrifier to terrify

tête *f* head

téter to suckle

têtu(e) willfull, stubborn

Thunder-ten-tronckh parody of a German name

tien, tienne yours

tiens *m pl*: **les ~** your relatives

tigre *m* tiger

tirer to pull; to extract

~ mieux parti to make better use

toc knock!

toi you

toile *f* cloth

de ~ rayée striped cloth

toilette *f* dressing up, adornment

tomber to fall

~ en syncope to faint

ton/ta/tes your

tort *m* fault, wrong

mettre dans son ~ to put in the wrong

totalement totally, completely

tôt early; soon

plus ~ first

toucher to touch

toujours always; still

~ est-il que anyhow

tour *m* turn

à ~ de rôle each in turn

à leur ~ in their turn

tourbillonner to whirl

tourmenté(e) tormented, tortured

tourner to turn

tousser to cough

tout, toute, tous all, every, everything

~ de même nevertheless

~ à coup suddenly

~ à l'heure just now, presently; a few minutes ago

~ semblable à just like

~es faites ready-made

de ~ façon anyway

en ~ digne worthy in every way

toux *f* cough

tracer to draw

train *m* pace

traîner to hang on, to linger

tranquille quiet, tranquil

laisser ~ to let alone

travail *m* work

travailler to work

se travailler to strain

travers: à ~ throughout

trembler to shiver, tremble

très very

tresser to braid

trêve *f* respite

sans ~ without interruption

tristesse *f* sadness

triste sad

trois: dès ~ heures- from three o'clock on

troisième third

trop too much, too many

troubler to disturb, to trouble

se trouver to find; to be

il s'en trouva there were

tuberculose *f* tuberculosis

tuer to kill

un, une one; one, a, an

~ à un one by one

uni matter-of-fact

s'unir to be united

~ ça et là to be clustered here and there

univers *m* universe

vacances *f pl* vacation

vague *f* wave

vaille: ~ que ~ whatever happens, come what may

valoir to be worth

vanité *f* vanity

se vanter to boast
veiller to watch (over)
se venger to seek revenge
venir to come
  je venais de mettre les pieds I had just set foot
  m'avait fait ~ had me come
ventre *m* stomach, belly
vérité *f* truth
vers toward
vers *m* a line of poetry
vert(e) green
vertu *f* virtue
vexer to hurt, upset, vex
vide empty
vidé(e) emptied
vie *f* life
vif/vive lively, bright
vigne *f* vine
  les vrilles de la ~ grapevine tendrils
ville *f* town
vin *m* wine

vingtaine: une bonne ~ d'entre eux a good twenty of them
violer to rape
visage *m* face
visiblement visibly
visite *f* visiting
vite quickly
vitre *f* window-pane
vivacité *f* liveliness
vivre to live
voici here is; here are
voilà there is; there are
voile *f* sail
voir to see
voisin, voisine *m/f* neighbor
voisinage *m* vicinity
voiture *f* here, carriage
voix *f* voice
  à mi-~ in a low voice
voler to fly; to fly out
volonté *f* will, wish
  la bonne ~ good will
volontiers willingly
votre/vos your
  à ~ guise as you wish
vouloir to want, to wish
vrai true
vrille *f* tendril
  les ~s de la vigne grapevine tendrils
vue *f* sight, view
  à ~ d'œil before my eyes

Westphalie *f* region of West Germany

y there
yeux *m pl* eyes
  aux ~ de braise with glowing eyes

Permissions and Credits

The author and editors would like to thank the following authors and publishers for granting permission to use copyrighted material:

"Le Temps du martyre" and "Souffre, pauvre Nègre" from *Coups de Pilon* by David Diop; Présence Africaine, 1973.

"L'Enfant morte" from *Cet été qui chantait* by Gabrielle Roy; ©FONDS GABRIELLE ROY.

Excerpts from *Le Petit Prince* by Antoine de Saint Exupéry, copyright © 1943 by Harcourt Brace Jovanovich, Inc. and renewed 1971 by Consuelo de Saint Exupéry, reprinted by permission of the publisher.

"Déjeuner du matin" and "Page d'écriture" from *Paroles* by Jacques Prévert; ©Éditions GALLIMARD.

"Capucin et Adimah" from *Chats* by Sidonie-Gabrielle Colette; ©Éditions Albin Michel.